LOS AZTECAS
TESOROS DE LAS GRANDES CIVILIZACIONES

NUMEN

ARTE A TRAVÉS DEL TIEMPO

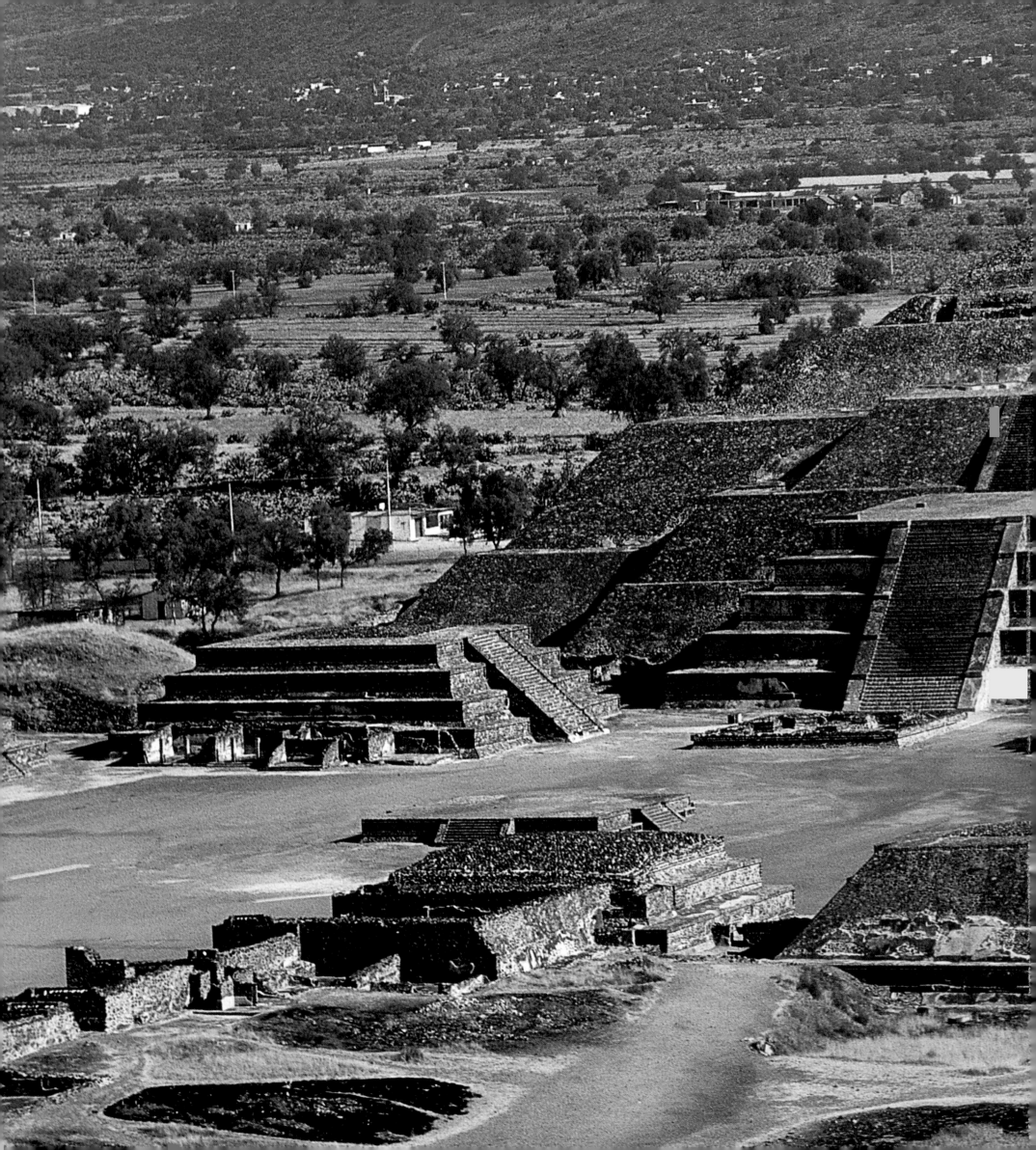

SUMARIO

INTRODUCCIÓN
PÁG. 10

CRONOLOGÍA
PÁG. 14

ORÍGENES DE UNA CIVILIZACIÓN
PÁG. 20

LAS GRANDES
CAPITALES CLÁSICAS
PÁG. 30

DE LA CAÍDA DE LOS ESTADOS
CLÁSICOS AL APOGEO
DEL ESTADO TOLTECA
PÁG. 78

LOS PUEBLOS DEL NORTE
PÁG. 108

LOS AZTECAS
PÁG. 138

GLOSARIO - ÍNDICE -
BIBLIOGRAFÍA
PÁG. 204

TEXTOS
DAVIDE DOMENICI

PROYECTO EDITORIAL
VALERIA MANFERTO DE FABIANIS

PROYECTO GRÁFICO
PAOLA PIACCO

EDICIÓN EN LENGUA ESPAÑOLA
EDITEC

TRADUCCIÓN
DOMINGO ALMENDROS

©2007 White Star s.p.a.
Via C. Sassone, 22/24; 13100 Vercelli, Italia
www.whitestar.it

Publicado en México en 2007 por Advanced Marketing, S. de R.L. de
C.V. Bajo el Sello Numen
Título original: Gli Aztechi Storia e Tesori di un'Antica Civiltà
Traducción al Español: Los Aztecas Tesoros de las Grandes Civilizaciones
Reproducción autorizada bajo convenio con White Star s.p.a.

Publicado en México por:
Advanced Marketing, S. de R.L. de C.V.
Calzada San Francisco Cuautalpan No. 102 Bodega "D"
Col. San Francisco Cuautalpan Naucalpan de Juárez,
Edo. de México, C.P. 53569

ISBN 10: 970-718-540-6
ISBN 13: 978-970-718-540-1

Reprints:
1 2 3 4 5 6   11 10 09 08 07
Impreso en China

1 - PECTORAL - ESCUDO MIXTECA (MUSEO NACIONAL
DE ANTROPOLOGÍA, MNA, CIUDAD DE MÉXICO).

2 - 3 - MÁSCARA TEOTIHUACANA DE MOSAICO
(MNA, CIUDAD DE MÉXICO).

4 - 5 - PIRÁMIDE DE LA LUNA DE TEOTIHUACÁN,
QUIZÁ DEDICADA A UNA DIOSA DE LAS AGUAS
TERRESTRES.

6 - 7 - LA PIEDRA DEL SOL ES EL ICONO DE LA
CULTURA AZTECA (MNA, CIUDAD DE MÉXICO).

9 - MÁSCARA TEOTIHUACANA DE PIEDRA VERDE
PERTENECE A LA COLECCIÓN MEDICEA (MUSEO DEGLI
ARGENTI, FLORENCIA).

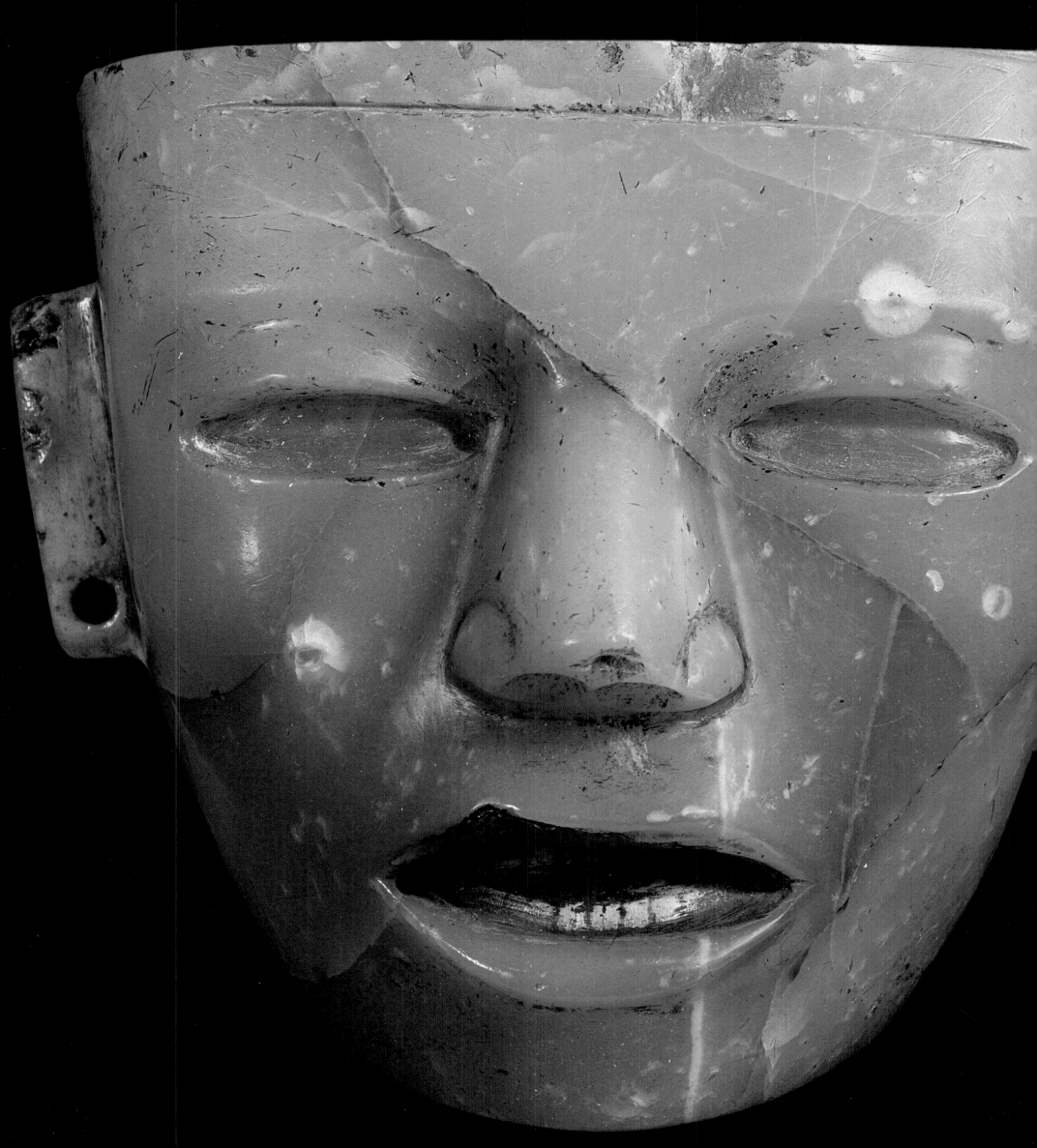

El valle de México, rodeado por una corona de antiguos volcanes, es, desde hace milenios, un auténtico crisol de civilizaciones: el gran sistema lacustre que antiguamente ocupaba su fondo desempeñó el mismo papel que, en otras partes del mundo, correspondió a los grandes ríos, como el Tigris, el Éufrates, el Nilo o el Indo. En las riberas de aquellos lagos, a más de dos mil metros de altitud, se desarrollaron algunas de las civilizaciones urbanas más importantes de la Antigüedad, y la actual megalópolis de Ciudad de México, que hoy día ha desecado casi por completo aquellos lagos, es heredera directa de México-Tenochtitlán, la antigua capital del imperio azteca. Desde Tenochtitlán, cuyos vestigios aún afloran entre las iglesias coloniales y los modernos edificios de la capital de México, los aztecas dominaron durante siglos gran parte de Mesoamérica; pero, antes que ellos, otros pueblos habían construido, en aquellas mismas tierras, Teotihuacán, una de las más importantes y majestuosas ciudades de la Antigüedad, cuyas imponentes pirámides en ruinas sorprenden todavía hoy a los visitantes tanto como asombraron, hace setecientos años, a los propios aztecas. El valle de México fue el auténtico centro, físico y espiritual, de México central, el área que, junto con los altos valles montanos del estado de Oaxaca, constituyó uno de los dos polos culturales de la antigua Mesoamérica, en constante interacción con las lejanas tierras tropicales del sureste, donde florecieron grandes civilizaciones como la olmeca y la maya.

Este libro está dedicado a la larga tradición cultural del valle de México que culminó con la civilización azteca, y su planteamiento es semejante a los que, en esta misma colección, se han dedicado a los mayas y a las civilizaciones del sureste. Se iniciará el recorrido con los grupos de cazadores prehistóricos; seguirá después con el nacimiento de las primeras sociedades agrícolas, aquellas que, a lo largo de los muchos siglos del periodo preclásico tardío, dieron vida a algunos de los elementos fundamentales de la cultura y de la cosmología mesoamericanas; luego, contemplará la transformación de algunas de dichas sociedades en las primeras entidades políticas jerarquizadas, cuyos jefes ordenaron construir monumentos y obras de arte para glorificarse a sí mismos y a sus dioses con la narración de gestas militares, sacrificios y celebraciones religiosas. Fueron aquellos líderes quienes, más adelante, establecieron las alianzas y confederaciones que condujeron al nacimiento de las primeras grandes ciudades clásicas, entre las cuales la primera fue Teotihuacán. Esta ciudad, cosmopolita y multiétnica, santuario de primera magnitud, desde principios de la era cristiana se convirtió en el centro político, económico y religioso más importante de México central, el auténtico pilar de un sistema de relaciones y alianzas que alcanzaban la capital zapoteca de Monte Albán, la ciudad santuario de Cholula e incluso los lejanos reinos mayas de las llanuras; allí, los teotihuacanos influyeron directamente en la vida política de Tikal, Copán y muchas otras ciudades de la época. Este extenso entramado político, económico e ideológico mesoamericano, tan espléndido como para merecer el adjetivo «clásico» que le adjudicaron los eruditos modernos, perduró hasta el siglo VII de nuestra era, cuando, por causas aún desconocidas, se desencadenó una especie de «cataclismo» político que, en el plazo de dos siglos, se abatió sobre toda Mesoamérica, causando un verdadero colapso político y cultural. En esa situación de crisis e inestabilidad política, una oleada de migracio-

10 - Vasija de obsidiana pulimentada con forma de simio encontrada en la ciudad de Texcoco. Se trata de uno de los objetos más célebres del arte azteca; fue robado en 1985 y recuperado cuatro años después (MNA, Ciudad de México).

11 - Las esculturas de la Serpiente Emplumada que decoran la fachada del templo de Quetzalcóatl, en Teotihuacán, son las representaciones más célebres de una de las grandes divinidades mesoamericanas, asociada a la creación del hombre, al cómputo calendárico y a la escritura.

nes procedentes del norte aportó a los territorios mesoamericanos nuevas gentes y nuevas ideas, y amplió notablemente una red de relaciones culturales y comerciales que se extendía hasta más allá de los grandes desiertos del norte hasta incluir las culturas agrícolas del suroeste de Norteamérica, como hohokam, mogollón y anasazi, antecesoras de los modernos pueblo y hopi.

El ámbito mesoamericano, enriquecido con las nuevas aportaciones, entró en una nueva fase de desarrollo que culminó entre los siglos XI y XII, coincidiendo con el periodo de apogeo del estado tolteca. Aquélla fue una época de intensa «internacionalización» de las culturas mesoamericanas, que compartieron estrechamente no sólo un lenguaje artístico, sino también un modelo político y religioso centrado en la figura de la Serpiente Emplumada, la mítica ciudad de Tollán, la práctica de la guerra santa y el sacrificio de prisioneros. El esquema sociocultural tolteca, caracterizado por la difusión de sistemas de gobierno colectivos que sustituyeron o se añadieron a los tradicionales gobiernos dinásticos, fue común a grupos muy diferentes, como los mixtecas, nuevos dominadores del panorama político de Oaxaca, y los mayas del Yucatán, donde Chichén Itzá se convirtió en capital de un poderoso estado expansionista. El modelo tolteca constituyó, asimismo, un poderoso medio de integración de los numerosos grupos humanos que seguían llegando a Mesoamérica desde las lejanas tierras del norte. Uno de esos grupos fue el de los mexicas o aztecas: cuando éstos alcanzaron el valle de México, a comienzos del siglo XIV, adoptaron el patrón cultural tolteca, consiguiendo así ganarse un puesto en el complejo panorama político local; pero muy pronto lo superaron para edificar una nueva y compleja construcción ideológica basada en la figura del dios Huitzilopochtli, patrón del «pueblo elegido» de los aztecas. Así fue como la nueva ideología imperial se convirtió en el verdadero «motor» de una expansión estatal que condujo a la creación y consolidación del llamado imperio azteca,

el más vasto sistema político de la antigua Mesoamérica, de cuyo extraordinario florecimiento cultural dan testimonio los restos de edificios, los antiguos códices de piel de ciervo y decenas de esculturas monumentales.

Si las fases anteriores a los aztecas se conocen principalmente gracias a las investigaciones arqueológicas, la cultura azteca es objeto de muchos relatos históricos escritos por los soldados y misioneros españoles que participaron en la conquista y evangelización de lo que dieron en llamar el Nuevo Mundo. Dichas obras, testimonio directo de uno de los más excepcionales «encuentros» de la historia de la Humanidad, permiten conocer con un pormenor único una de las culturas indígenas americanas gracias a sus minuciosas descripciones de la vida cotidiana, los sistemas políticos, las creencias religiosas y la producción artística de dicha cultura. Descubrimos así una civilización que parece ambivalente y contradictoria en muchos aspectos, caracterizada por prácticas crueles, como los sacrificios humanos y el canibalismo ritual, pero también por una refinada producción poética y filosófica. Y es, precisamente, esa aparente ambivalencia el rasgo más característico y profundo de la cultura azteca, auténtico prototipo de aquella «nobleza salvaje» que produjo una mezcla de admiración y rechazo en los europeos del siglo XVI.

Tampoco la conquista, a pesar de ser uno de los episodios más dramáticos y crueles de la historia de la Humanidad y de que marcó el fin del desarrollo independiente de las sociedades indígenas mexicanas, fue un suceso cerrado en sí mismo. Por el contrario, se trató más bien del trágico comienzo de una historia de mestizaje genético y cultural que aún continúa y cuya muestra más visible es Ciudad de México, con más de veinte millones de habitantes entre indígenas, mestizos y europeos. Así pues, para entender realmente esta historia es necesario remontarse a sus comienzos y seguir después, paso a paso, el fascinante desarrollo de la que fue una de las tradiciones culturales más importantes de la Antigüedad.

13 - ESCULTURA EN TERRACOTA PINTADA, CON UN «HUÉSPED» EN MINIATURA; SE REMONTA AL PERIODO CLÁSICO SUPERIOR Y PERTENECE A LA CULTURA TEOTIHUACANA. LAS FIGURAS DE TERRACOTA DE DICHA CULTURA TIENEN EN SU INTERIOR FIGURITAS ANTROPOMORFAS QUE AÚN CONSTITUYEN UN AUTÉNTICO ENIGMA. ES POSIBLE QUE SE TRATE DE REPRESENTACIONES-METÁFORA DEL «CUERPO SOCIAL» TEOTIHUACANO, QUE ACOGE EN SU INTERIOR A CADA UNO DE LOS INDIVIDUOS (MNA, CIUDAD DE MÉXICO).

BETATAKIN ● ● MESA VERDE
● KIET SIEL
● CAÑON DEL CHACO

GILA CLIFF
DWELLINGS ●

● SNAKETOWN
● CASA GRANDE

CUENCA DEL
MISSISSIPPI

SONORA

● CASAS GRANDES
● PAQUIMÉ

CUENCA
DEL RÍO
GRANDE

BAJA CALIFORNIA

SIERRA MADRE OCCIDENTAL

DURANGO

SAN LUIS
POTOSÍ

GOLFO
DE
MÉXICO

OCÉANO PACÍFICO

● LA QUEMADA

NAYARIT

ALTIPLANO
CENTRAL

TULA ●

COLIMA

TEOTIHUACÁN ●

TENAYUCA ● ● TLATELOLCO ● EL TAJÍN
TLATILCO ● ● TENOCHTITLÁN ● CACAXTLA
CUICUILCO ● ● TLAPACOYA ● CANTONA

XOCHICALCO ● ● CHOLULA

● CHALCATZINGO
● LAS BOCAS

SAN JOSÉ MOGOTE ●
HUIJAZÓO ● ● DAINZÚ
TEOPANTECUANITLÁN ● MONTE ALBÁN ● ● YAGUL
● LAMBYTECO
ZAACHILA ● ● MITLA

16-17 - Auténtica obra maestra del
arte azteca, esta serpiente bicéfala
de mosaico de turquesa y nácar sobre
fondo de madera, se remonta a
los siglos XV y XVI y representa a
Xiuhcóatl, la «serpiente de turquesa»,
uno de los principales seres
sobrenaturales de la mitología
azteca (Museo Británico, Londres).

18-19 - La astrología y la adivinación
desempeñaban un papel clave en la
vida de los pueblos mesoamericanos.
En el códice Cospi, de cultura
mixteca-puebla, que data del periodo
posclásico tardío, se representan
los nefastos efectos de una aparición
de Venus como estrella matutina
(Biblioteca Universitaria, Bolonia).

PRECLÁSICO TEMPRANO
(2500-1200 a. de C.)

El periodo preclásico temprano contempló el progresivo desarrollo de la agricultura tanto en México central como en la región de Oaxaca, donde, varios milenios atrás, grupos de cazadores y recolectores habían iniciado el largo proceso que condujo a la domesticación de plantas como la calabaza, las judías y el maíz. Este proceso ha sido estudiado con detalle en el valle de Tehuacán, pero las aldeas agrícolas de Zohapilco y Tlatilco, en el valle de México, y San José Mogote, en el de Oaxaca, constituyen los mejores ejemplos de la consolidación de las nuevas estrategias de subsistencia y de la completa sedentarización de las antiguas comunidades mesoamericanas.

PRECLÁSICO MEDIO
(1200 a. de C.–300 a. de C.)

El preclásico medio se caracterizó por el incremento de la jerarquización social y el paralelo aumento de las influencias olmecas en las culturas materiales de regiones como Puebla, Morelos y Guerrero; en ellas, la adopción de los cánones estilísticos olmecas funcionó como lo que podría considerarse como una auténtica «lingua franca» del poder político mesoamericano de la época. Aunque en los valles de México, Puebla y Oaxaca tales influencias se limitan a la producción cerámica, yacimientos como Chalcatzingo (Morelos) y Teopantecuanitlán (Guerrero) se enriquecen con obras monumentales que evidencian una estrechísima relación con el mundo olmeca del golfo de México.

PRECLÁSICO TARDÍO
(300 a. de C.-300)

Durante el preclásico tardío, algunos de los señoríos de los siglos precedentes se transformaron en entidades políticas de carácter estatal, dominadas por capitales como Teotihuacán y Monte Albán, las grandes aglomeraciones urbanas que dominaron durante siglos el panorama político

mesoamericano. Tras la caída de su rival, Cuicuilco, Teotihuacán se afirmó como el centro dominante del valle de México, mientras Monte Albán, quizá fundada por una confederación de pueblos zapotecas, eclipsaba a la ciudad de San José Mogote. De este mismo periodo data el florecimiento de la cultura de las tumbas de pozo de México occidental.

CLÁSICO TEMPRANO
(300-650)

El periodo clásico mesoamericano estuvo en gran parte marcado por el extraordinario poder de Teotihuacán, la gran metrópoli multiétnica del valle de México, cuya influencia alcanzó no sólo a Monte Albán, capital del estado zapoteca, sino también a la lejana área maya, donde se acusaron injerencias teotihuacanas en las vicisitudes de la dinastía local. Fue éste un periodo de gran desarrollo de las artes, como lo atestiguan las pinturas murales de Teotihuacán o las complejas cerámicas zapotecas. En México occidental se desarrolló la tradición de Teuchitlán, y los agricultores del centro-norte de México alumbraron la cultura chalchihuites en Jalisco, Zacatecas y Durango.

CLÁSICO TARDÍO
(650-900)

La caída de Teotihuacán, acaecida hacia el año 650, dejó un vacío de poder que ocuparon nuevos asentamientos, como Tula, Xochicalco, Cacaxtla y Teotenango. En las regiones de Oaxaca, la crisis contemporánea de Monte Albán dejó libre el espacio al desarrollo de las ciudades zapotecas, como Zaachila, Yagul y Mitla, así como a la actividad de los belicosos señoríos mixtecas. En este periodo de convulsiones políticas y migraciones de los pueblos, el mosaico étnico-lingüístico mesoamericano experimentó profundas transformaciones. En México occidental floreció la tradición de Teuchitlán, a la vez que la cultura chalchihuites alcanzaba su máxima expansión en las tierras septentrionales.

POSCLÁSICO TEMPRANO
(900-1250)

Tras las convulsiones del epiclásico (o clásico tardío), el posclásico temprano vio afirmarse el estado tolteca de Tula como principal centro político y cultural de México central. A su constitución contribuyeron en buena parte grupos de agricultores que, a comienzos del periodo, dejaron las tierras del norte para volver al sur, a donde llevaron nuevos elementos culturales asociados sobre todo a la práctica de la guerra santa. En el área de Oaxaca, los pequeños reinos mixtecas alcanzaron su máximo florecimiento y se extendieron por las regiones zapotecas, mientras en el suroeste de Estados Unidos conocieron un gran desarrollo las culturas hohokam, mogollón y anasazi.

POSCLÁSICO TARDÍO
(1250-1521)

La caída del estado tolteca desencadenó nuevas migraciones desde el norte que llevaron a muchos grupos nahua a establecerse en el valle de México. Entre ellos se encontraban los aztecas o mexica, que fundaron su capital, Tenochtitlán, en 1325 y que al cabo de poco más de un siglo consiguieron dominar gran parte de Mesoamérica. Mientras en el extremo norte mexicano, el centro de Paquimé se convertía en uno de los centros principales de la región, en el occidente mexicano el estado marasco vivió un periodo de gran desarrollo, hasta el punto de convertirse en el más temible adversario del expansionismo azteca. El desembarco del ejército español de Hernán Cortés en 1519 y la consecuente conquista de Tenochtitlán pusieron fin al desarrollo independiente de la Mesomérica indígena.

CHIAPAS

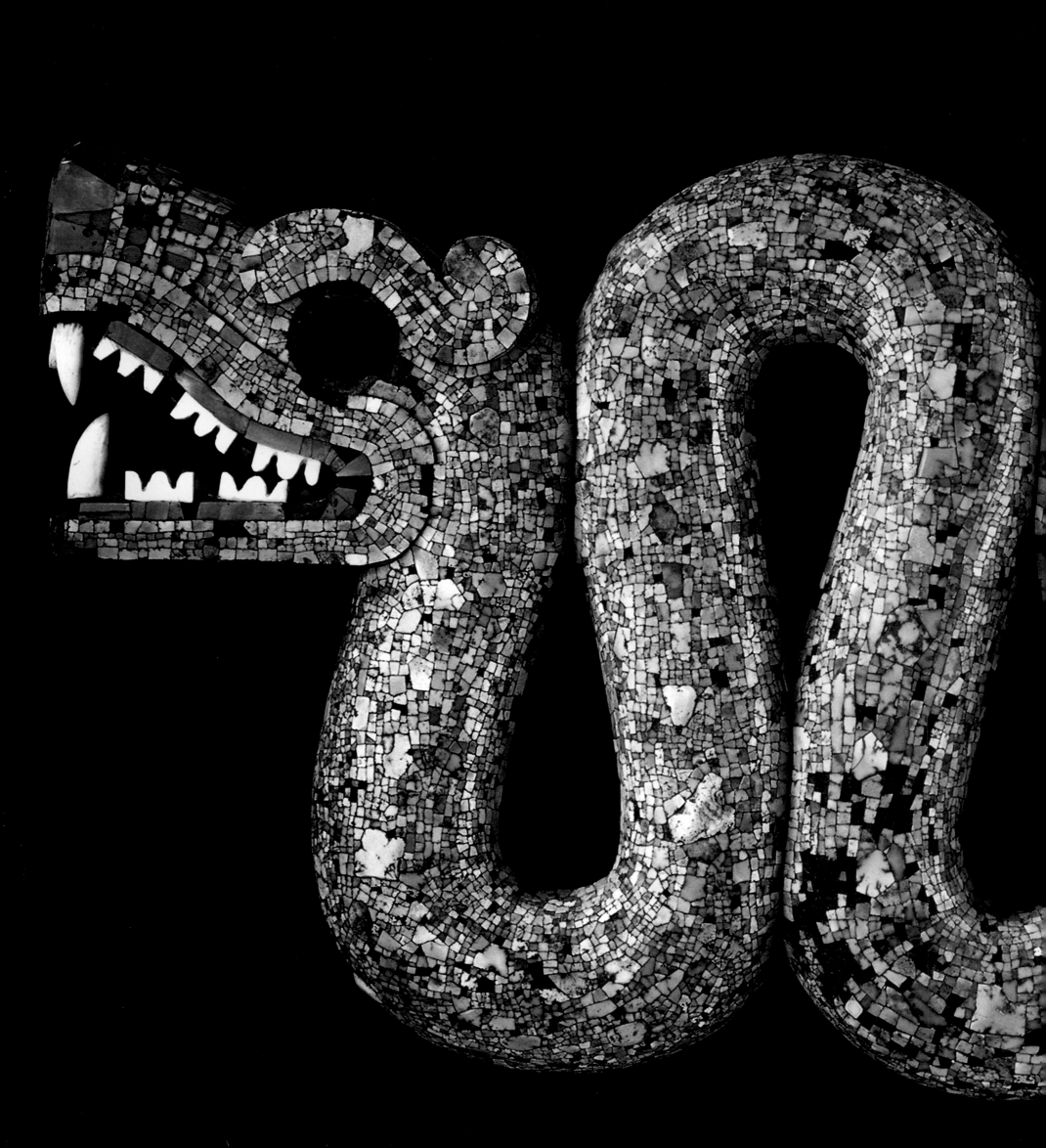

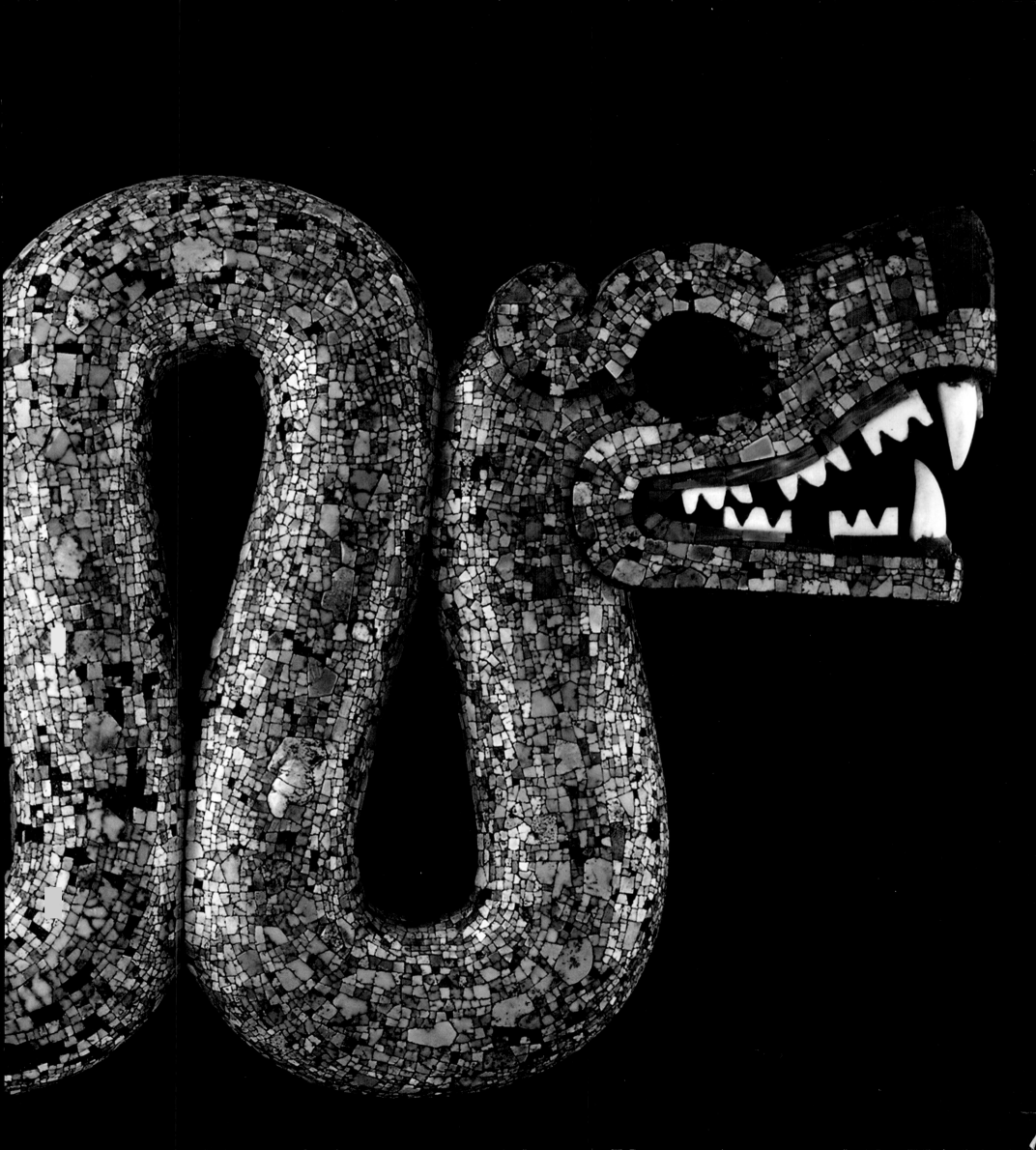

1

ORÍGENES DE UNA CIVILIZACIÓN

De los cazadores paleolíticos a los primeros agricultores

pág. 22

Los olmecas de los altiplanos

pág. 28

San José Mogote: nacen los centros de poder

pág. 29

En los tiempos más remotos de la prehistoria americana, grupos de cazadores recolectores recorrían las grandes llanuras del altiplano central mexicano y vivían de la explotación de sus abundantes recursos naturales. Hace unos 30.000 años, cuando el clima era mucho más frío y húmedo que el actual, las praderas y bosques de las altiplanicies albergaban manadas de animales como caballos, mastodontes y mamuts, que se reunían alrededor de lagos y pantanos. Precisamente en las antiguas cuencas lacustres fue donde se encontraron los primeros restos de aquellos antiguos grupos de cazadores nómadas americanos; entre los más antiguos se cuentan unos campamentos próximos a un manantial en El Cidral (San Luis Potosí), fechados hace más de 30.000 años, y los de Tlapacoya (estado de México), que se extienden por la ribera septentrional del lago de Chalco, cuyos hogares tienen unos 22.000 años de antigüedad. Las actividades de caza y recolección fueron los únicos medios de subsistencia de los antiguos mexicanos durante muchos miles de años, como demuestran, por ejemplo, los esqueletos de mamut encontrados junto a puntas de lanza de sílex en el yacimiento de Santa Isabel Iztapán (7000 a. de C.). Un curioso testimonio artístico de la misma época es el célebre sacro de Tequixquiac, perteneciente a un camélido ya extinguido y tallado en forma de una cabeza de perro por un antiguo artista que supo aprovechar a la perfección las posibilidades que ofrecía la configuración natural del hueso.

Estas manifestaciones tardías de grupos de cazadores especializados en la caza de animales del Pleistoceno, ya próximos a su extinción, son contemporáneas de las primeras evidencias de la introducción de nuevas técnicas de subsistencia.

Al final del Pleistoceno, coincidiendo con un periodo de calentamiento global, el perfeccionamiento de las técnicas de recolección, selección y modificación deliberada de las plantas condujo a una progresiva intervención en su ciclo vital y a los primeros pasos hacia la domesticación. Pero fue un proceso largo que duró varios milenios, durante el cual algunos vegetales, como la calabaza, la alubia, el pimiento, el amaranto y el maíz, se fueron incorporando a una dieta que aún se basaba en buena parte en la caza y la recolección de plantas silvestres, como han demostrado las investigaciones llevadas a cabo en Tehuacán (Puebla) y Guilá Naquitz (Oaxaca).

A las nuevas técnicas de subsistencia que, poco a poco, se iban consolidando, no tardaron en añadirse otras formas ce organización y desplazamiento de los grupos humanos. Las pequeñas bandas de cazadores recolectores nómadas se fueron reuniendo durante periodos cada vez más largos en campamentos estacionales, situados en lugares estratégicos para la obtención de algunos recursos, y formaron grupos de varias decenas de individuos que, al final de la estación, volvían a disgregarse en otros más pequeños y móviles. A largo plazo, este proceso condujo a la creación de asentamientos que permanecían ocupados durante periodos progresivamntee prolongados y que, hacia el 2500 a. de C. (el llamado periodc preclásico temprano se inició hacia 2100-1200 a. de C.), acabaron por convertirse en verdaderos pueblos sedentarios; es el caso de Zohapilco (estado de México) o de los del mismo valle ce Tehuacán, donde se han encontrado los restos de cerámica más antiguos de Mesoamérica compatibles con una sociedad agrícola plenamente sedentarizada.

21 - LA MÁSCARA DE TERRACOTA ENCONTRADA EN EL ASENTAMIENTO PRECLÁSICO DE TLATILCO, CON LA MITAD DEL ROSTRO VIVO Y LA OTRA MITAD EN ESQUELETO, REPRESENTA LA IDEA DE DUALIDAD QUE ESTÁ EN LA BASE DEL PENSAMIENTO MESOAMERICANO DESDE SUS ORÍGENES (MNA, CIUDAD DE MÉXICO).

22 - EL EXTRAORDINARIO JARRÓN CON FORMA DE PEZ HALLADO EN TLATILCO ES QUIZÁ UNA DE LAS MÁS REFINADAS OBRAS DE ARTE DEL PRECLÁSICO CENTROAMERICANO (MNA, CIUDAD DE MÉXICO).

23 A LA IZQUIERDA - EL JARRÓN EN FORMA DE PATO DE TLATILCO ATESTIGUA LA IMPORTANCIA DE LOS RECURSOS LACUSTRES DEL VALLE DE MÉXICO EN LA ECONOMÍA DE LOS PRIMEROS AGRICULTORES (MNA, CIUDAD DE MÉXICO).

23 A LA DERECHA - LA VASIJA EN FORMA DE ARMADILLO DE TLATILCO ERA UNA OFRENDA FUNERARIA. ES POSIBLE QUE OTRAS VASIJAS SEMEJANTES SE USARAN TAMBIÉN EN CEREMONIAS DURANTE LAS CUALES SE CONSUMÍAN BEBIDAS RITUALES (MNA, CIUDAD DE MÉXICO).

Desde los tiempos más remotos, el valle de México, en el límite meridional del altiplano, con sus cinco lagos rodeados de fértiles tierras entre altos conos volcánicos, fue uno de los principales centros de desarrollo cultural de Mesoamérica. Así lo atestiguan antiguos poblados, como el ya citado de Zohapilco y, sobre todo, Tlatilco, ocupado desde 1300 a. de C.; allí se excavaron más de 340 sepulturas que contenían ricas ofrendas, entre las que destacan elegantes cerámicas y numerosas figurillas de terracota. En las espléndidas cerámicas de Tlatilco se aprecian los signos de algunos contactos (cuya entidad real está por dilucidar) con la región de la costa del golfo de México, donde, a partir de 1200 a. de C., aproximadamente, se desarrolló la cultura olmeca, la primera de las grandes civilizaciones mesoamericanas. Del yacimiento de Las Bocas (Puebla) proceden algunas de las esculturas de terracota más extraordinarias pertenecientes a dicho estilo, tal vez importadas de la capital olmeca de San Lorenzo (Veracruz), que representan niños recién nacidos con gran realismo. En el preclásico medio (1200 - 300 a. de C.), la vida rural del valle de México está representada por asentamientos agrícolas como los de El Arbolillo, Zacatenco y Ticomán, cuyos habitantes continuaron explotando las reservas naturales de la zona, por ejemplo, los ciervos y los miles de aves acuáticas de la cuenca lacustre. También en estos yacimientos son frecuentes las figurillas de terracota, principalmente femeninas, que parecen dar testimonio de la amplia difusión de las prácticas rituales domésticas ligadas al culto a los antepasados. Otra región donde los poblados preclásicos alcanzaron un desarrollo extraordinario durante los periodos siguientes fue el valle de Oaxaca. En 1600 a. de C., existían allí diecisiete pequeños asentamientos de agricultores zapotecas; uno de ellos, San José Mogote, se convirtió en pocos siglos en un gran pueblo con varios edificios públicos y más de cien viviendas. Hacia 1200 a. de C., debía de albergar una población de unas 500 personas.

25 A LA IZQUIERDA - EN EL YACIMIENTO DE LAS BOCAS (PUEBLA) SE HALLARON OBJETOS TÍPICOS DE LA CULTURA OLMECA, COMO LAS FIGURAS LLAMADAS «CARA DE NIÑO», CUYA DIFUSIÓN ALCANZÓ ASENTAMIENTOS ALEJADOS DE LA ZONA METROPOLITANA OLMECA. (JAY KISLAK FOUNDATION, MIAMI).

25 A LA DERECHA - ESTA ESTATUILLA DE TERRACOTA DE LAS BOCAS REPRESENTA A UN RECIÉN NACIDO. SEGÚN LAS COSMOLOGÍAS MESOAMERICANAS, LOS NIÑOS AÚN ESTÁN CARGADOS DE LAS FUERZAS «FRÍAS» DE LA FERTILIDAD, Y POR ESO LOS ARTISTAS OLMECAS LOS REPRESENTABAN CON FRECUENCIA (COLECCIÓN PARTICULAR).

24 A LA IZQUIERDA - ESTA FIGURA FEMENINA BICÉFALA DATA DEL PERIODO PRECLÁSICO MEDIO Y PROCEDE DE TLATILCO. LA AMPLIA DIFUSIÓN DE FIGURILLAS FEMENINAS ENTRE LOS ANTIGUOS PUEBLOS AGRÍCOLAS MESOAMERICANOS HIZO PENSAR EN OTRO TIEMPO EN LA EXISTENCIA DE UN CULTO A LA DIOSA MADRE. HOY SE CREE MÁS BIEN QUE DICHAS FIGURILLAS ALUDÍAN A CARACTERÍSTICAS PERSONALES Y SOCIALES DEL DIFUNTO (MNA, CIUDAD DE MÉXICO).

24 A LA DERECHA - ENTRE LOS TIPOS SOCIALES QUE SE REPRESENTAN EN LAS FIGURAS PRECLÁSICAS DE TLATILCO TAMBIÉN HAY JUGADORES DE PELOTA, QUE APARECEN PROVISTOS DE LA PROTECCIÓN QUE USABAN DURANTE EL JUEGO RITUAL (MNA, CIUDAD DE MÉXICO).

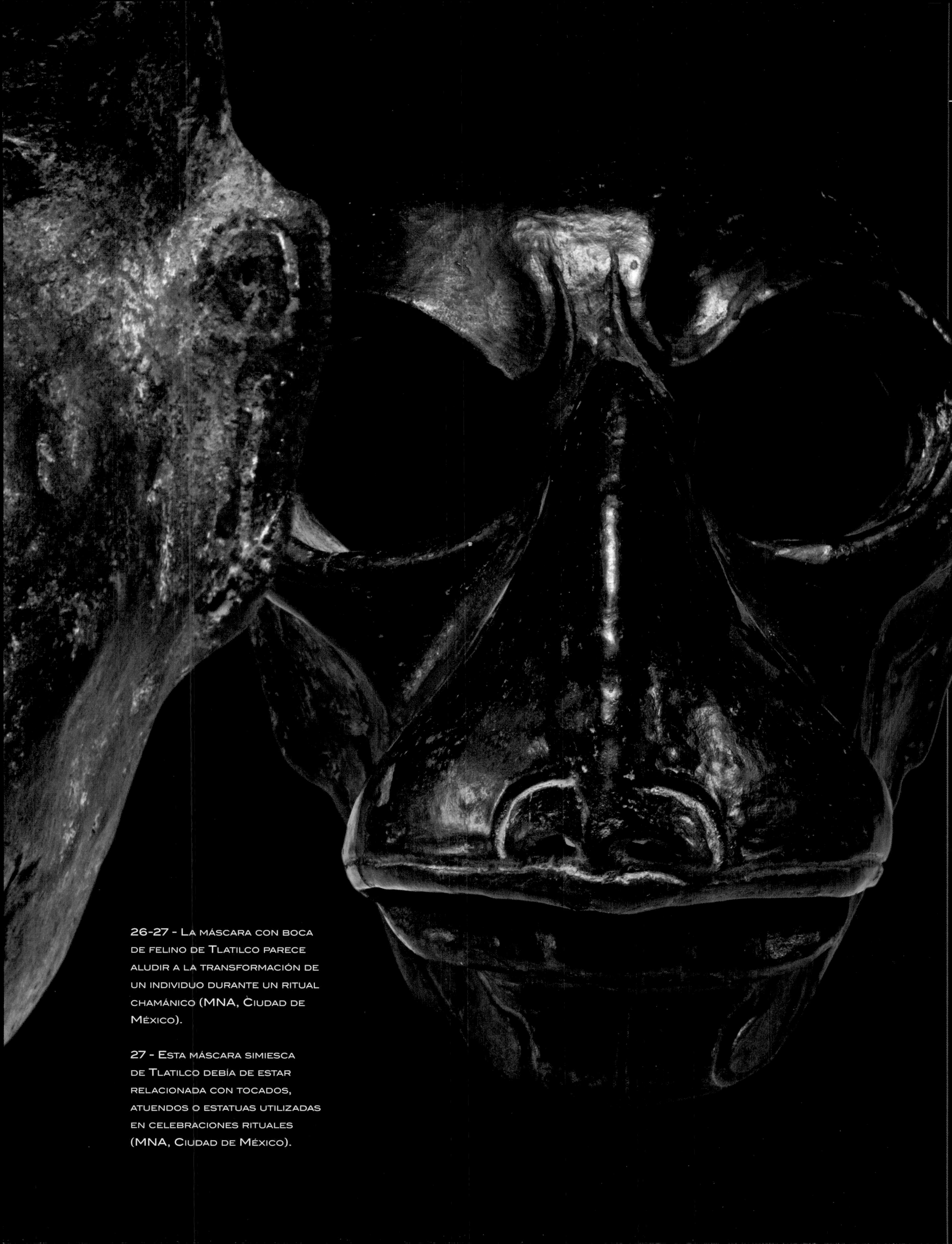

26-27 - La máscara con boca
de felino de Tlatilco parece
aludir a la transformación de
un individuo durante un ritual
chamánico (MNA, Ciudad de
México).

27 - Esta máscara simiesca
de Tlatilco debía de estar
relacionada con tocados,
atuendos o estatuas utilizadas
en celebraciones rituales
(MNA, Ciudad de México).

LOS OLMECAS
DE LOS ALTIPLANOS

Si, como se ha visto, en el valle de México es evidente la influencia olmeca durante el preclásico tardío, en otras zonas del centro de México fue claramente más intensa en el preclásico medio, sobre todo con posterioridad al año 900 a. de C. Es posible que aquella nueva oleada de influencias culturales olmecas se viera favorecida por el establecimiento de miembros de las elites de dicho origen en puntos alejados de su territorio original, en el golfo de México, tal vez mediante alianzas matrimoniales con las noblezas indígenas en asentamientos como Chalcatzingo (Morelos) y Teopantecuanitlán (Guerrero).

Chalcatzingo, en el valle de Amatzinac, en el estado de Morelos, se fundó hacia el año 1500 a. de C., y a partir de 700 a. de C. ya mostró la presencia de evidentes elementos culturales olmecas. Sobre los picos rocosos que rodean el yacimiento aparecen numerosos bajorrelieves, entre los que destaca la imagen de un rey sentado en el interior de una cueva, que se representa como la boca de un ser monstruoso. Esta iconografía típicamente olmeca, que alude al papel del soberano como mediador entre los hombres y las fuerzas subterráneas del agua y de la fertilidad, se repite en el célebre monumento 9 del mismo yacimiento. Se trata de una representación escultórica del Monstruo de la Tierra, con la boca abierta: de las marcas de desgaste que presenta se deduce que el rey debía de atravesarlo en el transcurso de ciertas ceremonias públicas, durante las cuales el soberano parecía salir, literalmente, de las fauces de aquel ser sobrenatural. El otro yacimiento olmeca relevante del centro de México es Teopantecuanitlán, en el valle del Balsas (Guerrero). Gran centro ceremonial a partir del año 1400 a. de C., experimentó significativas modificaciones arquitectónicas hacia 900 a. de C.; en aquellas fechas, un extraordinario complejo monumental semisubterráneo en forma de cancha para el juego de pelota fue adornado con una serie de cuatro esculturas que representan un rostro con rasgos de jaguar, probablemente el del dios del maíz. Otros ejemplos notables de arte olmeca en la misma región son las cuevas de Juxtlahuaca y Oxtotitlán (Guerrero), cuyas paredes están decoradas con pinturas policromas que representan reyes olmecas y seres sobrenaturales.

28 - El recinto ritual en forma de cancha de juego de pelota que hay en Teopantecuanitlán está rodeado por un muro sobre el cual se alzan cuatro esculturas que simbolizan las cuatro columnas del cosmos y que aluden a los dientes de la boca abierta del Monstruo de la Tierra.

Parece posible que, en lugares como Teopantecuanitlán y Chalcatzingo, residieran gentes procedentes de la costa del Golfo; sin embargo, en otras zonas del centro de México y Oaxaca, las influencias olmecas en el arte del preclásico medio fueron más débiles. Prueba de ello es que se trató más bien de una especie de emulación de las prestigiosas iconografías olmecas por parte de elites locales emergentes, para las que el estilo olmeca se convirtió en una especie de «lingua franca» del poder y de la propaganda política de la época. En el valle de Oaxaca, por ejemplo, el ya citado lugar de San José Mogote se transformó en el centro dominante de la zona. Alrededor del 500 a. de C., en el umbral de piedra de su principal edificio público (monumento 3) se esculpió la imagen de un prisionero al que se le había arrancado el corazón. Los dos glifos que lo acompañan y que constituyen una de las más antiguas muestras de escritura de toda Mesoamérica, llevan la fecha «I Terremoto», probablemente el nombre de calendario del guerrero derrotado. La captura de prisioneros nobles, su humillación pública y su sacrificio debió de ser uno de los procedimientos con los que los jefes zapotecas de San José Mogote afianzaron su control del valle de Oaxaca. El monumento 3 sirvió, por tanto, para inmortalizar el recuerdo de sus triunfos y renovar el acto de humillación del prisionero cada vez que alguien pisaba la imagen al cruzar el umbral del edificio público.

También durante el preclásico temprano (300 a. de C.-300), el valle de México contempló el florecimiento de nuevos e importantes centros de poder que, probablemente, se disputaron el dominio de la región. Uno de los más espectaculares fue, sin duda, Cuicuilco, en la zona meridional del valle, cuyo centro monumental está dominado por un majestuoso edificio conocido como «la pirámide circular», con más de cien metros de diámetro y que supera los veintitrés metros de altura. De Cuicuilco proceden algunas de las más antiguas representaciones de Huehuetéotl, el viejo dios del fuego, cuyo culto estaba, al parecer, asociado a la presencia de los volcanes que rodean el valle de México. Nuestro conocimiento del antiguo desarrollo de Cuicuilco es muy insuficiente, pues las actuales ruinas están cubiertas en gran parte por una gran colada de lava producida por la erupción del volcán Xitle hacia el año 100. Durante mucho tiempo se creyó que aquella erupción había sido la causa del abandono del asentamiento, pero la opinión actual es que Cuicuilco ya estaba deshabitado antes del catastrófico suceso, tal vez a causa de la intensa competencia de la ciudad de Teotihuacán, que, por aquellos años, ejercía su dominio en el norte del valle. Lo que es seguro es que el final de aquel importante centro que fue Cuicuilco dejó el desarrollo cultural del valle de México en manos de Teotihuacán, que, en poco tiempo, se transformó en la mayor ciudad indígena del Nuevo Mundo.

29 - ESTA REPRESENTACIÓN DEL MONSTRUO DE LA TIERRA CON LAS FAUCES ABIERTAS, CONOCIDA COMO MONUMENTO 9, SE ENCONTRÓ EN CHALCATZINGO FRENTE AL EDIFICIO QUE, SEGÚN PARECE, FUE LA RESIDENCIA DEL SOBERANO LOCAL. EL DESGASTE DEL UMBRAL SUGIERE QUE EL SOBERANO LO ATRAVESABA EN EL TRANSCURSO DE RITUALES PÚBLICOS EN LOS QUE SE ESCENIFICABA SU «SALIDA» DE LA BOCA DEL MONSTRUO (MUNSON-WILLIAMS-PROCTOR INSTITUTE MUSEUM OF ART, UTICA, EE.UU.).

2

LAS GRANDES CAPITALES CLÁSICAS

Teotihuacán, metrópoli del nuevo mundo
pág. 32

Las pinturas de los complejos residenciales
pág. 46

Cholula, la ciudad-santuario
pág. 54

Nacimiento y apogeo del estado zapoteca
de Monte Albán
pág. 56

Los mixtecas del periodo clásico
pág. 70

A partir del año 400 a. de C., el valle de Teotihuacán, situado en el extremo nororiental del valle de México, fue ocupado por grupos de agricultores que explotaban los abundantes recursos del cercano lago de Texcoco. Por causas aún en gran parte desconocidas, hacia el siglo I a. de C. la población del valle comenzó a concentrarse en la naciente ciudad que hoy se conoce como Teotihuacán («el lugar donde uno se convierte en dios»), que fue el nombre que, muchos siglos después, dieron los aztecas a las imponentes ruinas de la antigua ciudad; en realidad, no se sabe cuál era el topónimo original ni qué lengua hablaban sus habitantes. Lo que sí se sabe, en cambio, es que, entre los siglos I y II, se comenzó la construcción de las dos imponentes pirámides que dominan el paisaje urbano (actualmente conocidas por los nombres tardíos, e impropios, de

pirámide del Sol y pirámide de la Luna), así como también de los demás complejos monumentales de la ciudad. Todos se erigieron siguiendo un rígido esquema urbanístico ortogonal centrado en dos ejes perpendiculares: la calzada de los Muertos y la avenida Este-oeste. Esta parrilla urbana cuadrangular, que, tras un ligero desfase inicial, se mantuvo inmutable hasta la destrucción de la ciudad, distingue Teotihuacán de las demás urbes de la época y da testimonio del hecho de que, desde sus fases iniciales, el desarrollo del asentamiento estuvo rígidamente regulado por la autoridad política local.

La construcción de las dos pirámides, que requirió una ingente cantidad de mano de obra, tuvo que ser el reflejo de la extraordinaria capacidad de atracción que la naciente ciudad ejercía sobre la población del valle. Las causas de tal éxito se desconocen, pero es probable que guardasen relación con el prestigio de sus lugares sagrados, que, sin duda, se contaron entre los principales santuarios de México central. La pirámide del Sol fue construida sobre una gruta parcialmente artificial que terminaba en una cámara dotada de cuatro nichos y que,

muy probablemente, estaba dedicada al dios de la lluvia, antecesor de la divinidad a la que los aztecas, siglos más tarde, dieron el nombre de Tláloc, «el que está hecho de barro». Cuando se excavó la pirámide, a principios del siglo XX, en los ángulos de sus escalones se encontraron restos de niños sacrificados, según la costumbre tradicional mesoamericana de ofrendar infantes al dios de la lluvia. La pirámide de la Luna, enmarcada por el perfil del Cerro Gordo, de cuyas pendientes descienden los cursos de agua que avenan la ciudad, debía de

estar dedicada a la diosa de las aguas terrestres, antecesora de la azteca Chalchiuhtlicue, «la de la falda de jade». Hace poco se encontraron en su interior diversas ofrendas de objetos preciosos, restos de animales, como jaguares y rapaces, y algunos seres humanos sacrificados. Si la identificación de la divinidad a la que estaban dedicadas las dos pirámides es correcta, es posible que, desde su origen, Teotihuacán fuese vista como «el lugar del agua», es decir, el punto de donde manaban las fuerzas sobrenaturales de la fertilidad humana, animal y vegetal.

31 - MÁSCARA DE MOSAICO DE ESTILO TEOTIHUACANO (MNA, CIUDAD DE MÉXICO).

32 Y 33 ARRIBA - LA PIRÁMIDE DEL SOL SOSTENÍA UN TEMPLO, DEDICADO QUIZÁ A UNA DIVINIDAD ACUÁTICA. LOS CONTRAFUERTES LATERALES SOPORTABAN UNA ESTRUCTURA MÁS GRANDE, HOY REMOVIDA.

32-33 - EL EJE VERTEBRADOR DEL PLAN URBANÍSTICO DE TEOTIHUACÁN ES LA CALZADA DE LOS MUERTOS, QUE TERMINA EN LA PLAZA DE LA LUNA.

33 ABAJO Y 34-35 - EN LA CALZADA DE LOS MUERTOS SE ALINEAN LOS EDIFICIOS CEREMONIALES.

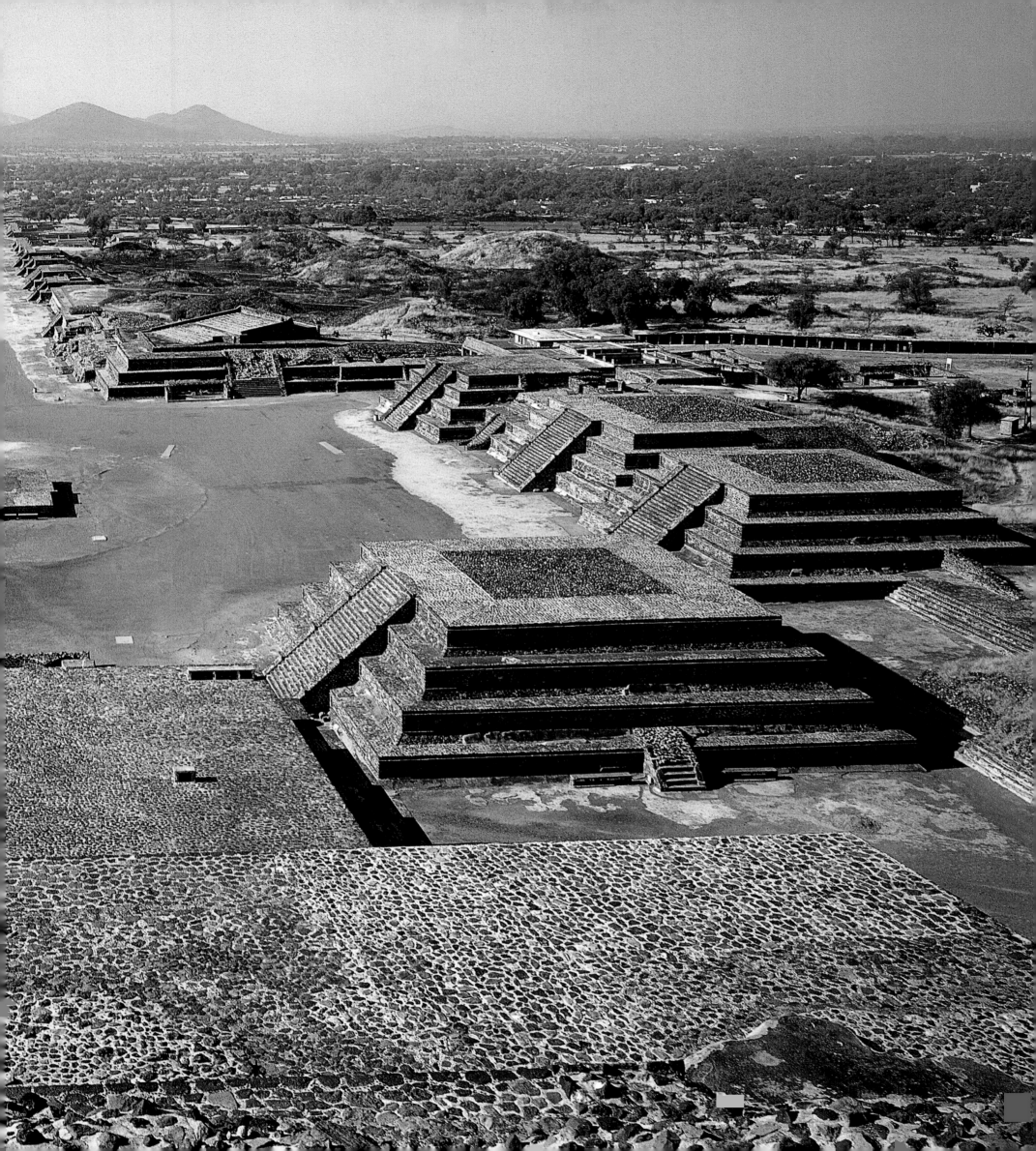

En el siglo II también fue construido el tercer complejo monumental de la ciudad, conocido como la Ciudadela, en cuyo centro se alza el templo de la Serpiente Emplumada; se trata de una pirámide de seis niveles decorados con bajorrelieves y esculturas exentas que representan serpientes emplumadas (antecesoras del Quetzalcóatl azteca), sobre cuyos cuerpos ondulados reposan tocados en forma de cabeza de caimán, símbolo del poder político. Según algunos autores, los dos complejos residenciales que se extienden a ambos lados de la Ciudadela podrían haber albergado el gobierno de la ciudad, colocado bajo la advocación de la Serpiente Emplu-

mada, una divinidad que, en la tradición mesoamericana, está estrechamente asociada al ejercicio del poder. Debajo de la pirámide, tal vez como testimonio del poder militar de la ciudad, se han encontrado fosas comunes con más de doscientos cuerpos sacrificados. Pertenecen a hombres y mujeres y todos tienen las manos atadas a la espalda; los hombres llevan atuendos guerreros y macabros collares formados por mandíbulas humanas, algunas verdaderas y otras reproducciones hechas de conchas.

Según otros autores, otra sede posible del gobierno de la ciudad podría haber sido el complejo cuatripartito de Xalla, donde excavaciones recientes han sacado a la luz algunas esculturas de excepcional belleza, una de las cuales representa un prisionero atado y asaeteado. Pero el caso es que aún no

se ha podido establecer con certeza dónde vivían los gobernantes de la antigua ciudad, cuyas ruinas se extienden hasta perderse de vista sobre una superficie total de veinte kilómetros cuadrados. Según las estimaciones de los arqueólogos, en el momento de su apogeo, en el año 600, Teotihuacán acogía una población que oscilaba entre 125.000 y 200.000 personas, lo que la convertía en la sexta ciudad del mundo. Los complejos administrativos que flanqueaban la calzada de los Muertos debían alojar a los funcionarios involucrados en la administración del Estado, tarea de extraordinaria complejidad cuyos detalles se ignoran casi por completo. Basta con un solo ejemplo:

no se conoce la existencia de almacenes públicos en Teotihuacán y todavía no está claro cómo se aseguraba la subsistencia cotidiana de su enorme población. Probablemente, en algunos edificios del centro de la ciudad vivieron los miembros de la más alta nobleza; por ejemplo, el llamado palacio de Quetzalpapálotl, cuyo patio central está rodeado de pilastras decoradas con bajorrelieves con imágenes de aves rapaces; en el patio contiguo, llamado de los Jaguares, se encuentran algunas de las más bellas pinturas murales de la ciudad, en este caso representaciones de procesiones de felinos tocando trompas hechas con caracolas. Bajo el palacio de Quetzalpapálotl se encuentra una versión más antigua del mismo edificio, conocida con el nombre de palacio de las Conchas Emplumadas, también decorada con notables pinturas murales.

36 ARRIBA - EN LA CIUDADELA SE ELEVAN EL TEMPLO DE LA SERPIENTE EMPLUMADA Y DOS COMPLEJOS RESIDENCIALES (A LA DERECHA), QUIZÁ PARA LOS GOBERNANTES DE LA CIUDAD.

36 ABAJO - EN EL TEMPLO DE LA SERPIENTE EMPLUMADA HAY SÍMBOLOS ACUÁTICOS QUE ALUDEN A LA FERTILIDAD.

37 - EN LAS FACHADAS DEL TEMPLO DE LA SERPIENTE EMPLUMADA, EN LA CIUDADELA DE TEOTIHUACÁN, LAS IMÁGENES DE LA DIVINIDAD ESTÁN ASOCIADAS A LAS DE LOS TOCADOS EN FORMA DE CAIMÁN QUE, PROBABLEMENTE, SIMBOLIZABAN UN CARGO POLÍTICO DETERMINADO.

38 ARRIBA - LAS PAREDES DEL PATIO DE LOS JAGUARES ESTÁN DECORADAS CON IMÁGENES SIMBÓLICAS QUE ALUDEN A LAS DEIDADES PROTECTORAS DE LOS GRUPOS POLÍTICOS DOMINANTES. ENTRE ELLAS DESTACA POR SU IMPORTANCIA Y DIFUSIÓN EL LLAMADO «JAGUAR RETICULADO».

38 ABAJO - EL PALACIO DE QUETZALPAPÁLOTL, EN UN ÁNGULO DE LA PLAZA DE LA LUNA, DEBIÓ DE SER UNA RESIDENCIA PARA LAS PRINCIPALES FAMILIAS NOBLES DE LA CIUDAD.

39 - LOS TEJADOS DE LOS EDIFICIOS TEOTIHUACANOS SE DECORABAN CON FRISOS PINTADOS Y REMATADOS CON «ALMENAS» DE PIEDRA O TERRACOTA, CUYAS FORMAS ERAN SÍMBOLOS IMPORTANTES EN EL CÓDIGO VISUAL TEOTIHUACANO.

La mayor parte de la población urbana vivía en los numerosos complejos residenciales que ocupan una gran parte de la ciudad y cuyas notables diferencias en términos de dimensiones y riqueza reflejaban, sin duda, las desigualdades sociales y económicas de los ciudadanos. Por lo general, se trata de complejos arquitectónicos de una sola planta, rodeados por un muro de planta cuadrangular, de unos sesenta metros de lado y dotado de un único acceso a la calle. En el centro del complejo suele hallarse un patio abierto, en torno al cual se distribuyen una serie de templos o pórticos que dan acceso a complejos de estancias laterales, éstos también con un patio central que proporciona luz y ventilación a las habitaciones, carentes de ventanas.

A partir de la comparación con el ordenamiento de la futura capital azteca se ha formulado la hipótesis de que cada uno de los complejos residenciales de Teotihuacán daba alojamiento a un grupo humano unido por vínculos familiares y laborales: de hecho, se conocen barrios habitados por lapidarios, ceramistas o trabajadores de la cal. Probablemente, cada grupo de residencias disponía de una divinidad protectora, a la que estaba dedicado el altar que solía ocupar el patio central; también se encuentran con frecuencia braseros con la representación de Huehuetéotl, el «dios viejo» del fuego, que, según la mitología mesoamericana, se sentaba en el centro del universo.

Es posible que los habitantes de estos complejos residenciales compartiesen también la procedencia geográfica. En Teotihuacán se concentraban grupos procedentes no sólo del valle de México, sino también de tierras lejanas: son buenos ejemplos de ello el barrio oaxaqueño, habitado por zapotecas del valle de Oaxaca, o el llamado barrio de los comerciantes, que probablemente ocupaban gentes oriundas del golfo de México. Es muy posible que grupos de otomíes y de otras etnias mesoamericanas conviviesen en la que parece haber sido la primera gran ciudad cosmopolita de Mesoamérica.

---

42 - «ALMENA» DE TERRACOTA DE LA CULTURA DE TEOTIHUACÁN. SE TRATA DE LA REPRESENTACIÓN DE UN AVE RAPAZ DE CUYO PICO SALE UN CHORRO DE AGUA QUE SE RECONOCE POR LOS TÍPICOS SÍMBOLOS EN FORMA DE OCHO Y DE VOLUTA. (MNA, CIUDAD DE MÉXICO).

43 - LA ESCULTURA ENCONTRADA CERCA DE LA PIRÁMIDE DEL SOL REPRESENTA, PROBABLEMENTE, AL SOL DIFUNTO, ES DECIR, AL ASTRO REY DURANTE SU RECORRIDO SUBTERRÁNEO Y NOCTURNO (MNA, CIUDAD DE MÉXICO).

44 - Es probable que esta máscara teotihuacana forme parte de un incensario o de una estatua compuesta. El rostro del individuo está decorado con pinturas faciales (MNA, Ciudad de México).

45 - Entre los objetos rituales más extendidos en Teotihuacán se cuentan los braseros que llevan esculpida la imagen del dios Huehuetéotl, el dios viejo del fuego y del tiempo, que, según la mitología mesoamericana, se sentaba en el centro del universo. Los ojos en bajorrelieve del brasero indican los cuatro rumbos universales (MNA, Ciudad de México).

Entre los muchos complejos residenciales de Teotihuacán los más importantes eran los de Tetitla, Atetelco, Zacuala, Tepantitla, Teopancaxco y La Ventilla, cuyas paredes aún conservan las extraordinarias pinturas murales que antiguamente decoraban toda la ciudad. En una metrópoli donde no se utilizaba una escritura fonética como la de los mayas, estas pinturas eran algo más que una simple decoración; eran conjuntos de signos pictográficos que debían de transmitir importantes mensajes relativos a la identidad de los habitantes de los complejos residenciales, a sus dioses y a los cargos políticos ejercidos por sus miembros. La frecuencia de los signos que parecen tener valor toponímico permite suponer que la identidad de los grupos residentes en la ciudad solía expresarse por referencias a su lugar de origen, como una especie de sistema heráldico. Entre los dioses destacan las imágenes de Tláloc y de la diosa de las aguas, o Diosa Madre, a la que se añaden serpientes emplumadas, jaguares, pumas y aves rapaces, tal vez símbolos de los diversos grupos nobiliarios que se repartían el control político de la ciudad.

46 arriba - La Diosa Madre pintada en el complejo de Tetitla.

46 abajo y 47 - Las pinturas de Atetelco representan a varios sacerdotes y un coyote que devora un corazón humano.

La organización política de la ciudad es uno de los problemas más antiguos de la arqueología teotihuacana. En las ciudades contemporáneas de los mayas o los zapotecas, los monumentos públicos de carácter propagandístico son ricos en inscripciones que detallan nombres, fechas y acontecimientos de la vida política de la ciudad; pero en Teotihuacán no existe nada parecido. Allí no hay retratos de reyes, ni representaciones de acontecimientos tales como batallas, reuniones diplomáticas o matrimonios; y aún sorprende más el hecho de que, hasta el momento, no se haya encontrado en toda la ciudad una verdadera inscripción, aunque se sabe que los teotihuacanos conocían los sistemas de escritura que usaban sus contemporáneos. En definitiva, la opción de Teotihuacán parece deliberada: su propaganda política se efectúa con total anonimato de sus protagonistas; éstos se representan en procesiones en las que aparecen de forma impersonal y estereotipada mientras se dedican a rituales pro-

piciatorios, durante los cuales salen de sus manos chorros de agua y símbolos de fertilidad. Quizá la mejor representación del poder teotihuacano sea el célebre mural de Tepantitla: en el centro destaca la figura de la Diosa Madre, cuyo cuerpo se levanta sobre una cueva de la que emergen chorros de agua y semillas, semejantes a los que salen de las manos de la diosa. Junto a ella, dos gobernantes-sacerdotes en adoración esparcen también sus símbolos de fertilidad y a su alrededor, entre campos cultivados recorridos por acequias, decenas de personas cantan, bailan y juegan en una escena de auténtica felicidad colectiva. La imagen, que en un principio fue interpretada como una representación del Tlalocán, o paraíso del dios de la lluvia, es, probablemente, una gran alegoría del poder de la ciudad: la diosa protectora del lugar domina las fuerzas de la fertilidad que emergen de la gruta-santuario, mientras los sacerdotes-gobernantes desempeñan el papel de mediadores de tales fuerzas, favoreciendo así el bienestar de la población.

48 - LA PINTURA MURAL DE TEPANTITLA, CONOCIDA COMO TLALOCÁN, PARECE REPRESENTAR UNA ALEGORÍA DEL CARÁCTER SAGRADO DE LA CIUDAD DE TEOTIHUACÁN. LA DIOSA MADRE EN FORMA DE ÁRBOL SE YERGUE SOBRE UNA GRUTA DE LA QUE MANAN CHORROS DE AGUA QUE RIEGAN LOS CAMPOS CULTIVADOS. DOS SACERDOTES RINDEN CULTO A LA DIVINIDAD.

49 - EN TORNO A LA DIOSA CENTRAL DE TLALOCÁN ESTÁ PINTADA UNA ESCENA QUE PARECE REPRESENTAR UNA ESPECIE DE MUNDO IDEAL PUESTO BAJO LA PROTECCIÓN DE LA DIOSA MADRE, EN EL QUE NUMEROSOS PERSONAJES SE DEDICAN A JUGAR, CANTAR Y BAILAR. ARRIBA SE VE UNA MARIPOSA, ANIMAL LIGADO A LOS CULTOS ACUÁTICOS MESOAMERICANOS.

Es probable que el extraño carácter anónimo de la propaganda teotihuacana proceda del peculiar sistema político de la ciudad. Se supone que fue en Teotihuacán donde funcionó por primera vez una forma de gobierno colectivo dirigido por un consejo de notables que representaban a los diversos grupos afincados en la urbe, sistema que se generalizó en Mesoamérica en los siglos posteriores a la caída de la ciudad. Dicho gobierno, que ejercía su dominio sobre una población cosmopolita y multilingüe, habría generado formas de propaganda universalistas centradas en las figuras de divinidades protectoras, como la Serpiente Emplumada, y no en personas concretas. Nos encontramos, pues, en el extremo opuesto de los sistemas políticos de tipo dinástico propios del mundo maya que, polarizados en la figura del soberano, adoptaron la escritura para narrar hazañas y vivencias personales. Por el contrario, el suceso particular y el paso del tiempo parecen coexistir para el arte de Teotihuacán, que mira a la representación de una situación cosmológica inmutable y ahistórica.

Los únicos indicios de cambio político en el transcurso de los muchos siglos de historia teotihuacana son visibles en algunos episodios arquitectónicos: el hecho de que la fachada del templo de la Serpiente Emplumada fuera recubierta con una nueva pirámide pocas décadas después de su construcción, precisamente cuando las imágenes de jaguares sustituyeron en muros y escalinatas a las de la serpiente, permite suponer que se produjo un cambio político, en el cual los gobernantes acogidos a la protección de la Serpiente Emplumada habrían perdido su posición dominante en la ciudad en favor de los protegidos del jaguar.

Como quiera que sea, es evidente que el sistema político teotihuacano resultó ser extraordinariamente eficiente. Durante más de seiscientos años, la ciudad vivió un florecimiento excepcional y se convirtió en la capital de un estado que fue, probablemente, el más rico y poderoso de la historia mesoamericana. Su riqueza se fundamentó, sin duda, en la gran producción agrícola de las áreas circundantes, en sus actividades artesanales, muy diversificadas, y, sobre todo, en una especie de monopolio del comercio mesoamericano de la obsidiana, el vidrio volcánico que fue la materia prima tecnológicamente más importante en un mundo absolutamente privado de metales. De hecho, Teotihuacán gestionaba los yacimientos de la preciada obsidiana verde del estado de Hidalgo y la exportaba a toda Mesoamérica, y es probable que controlase también muchos otros yacimientos del mismo material.

Quizá fuera más para ejercer dicho control sobre la obsidiana que para extender su poder político por lo que los emisarios y militares teotihuacanos se desplazaron, a partir de los primeros siglos de la era cristiana, hacia la costa del Golfo, el istmo de México y la costa pacífica de Chiapas hasta llegar a los altiplanos mayas de Guatemala, donde influyeron profundamente en la vida del importante centro maya de Kaminaljuyú. Más tarde, se dirigieron desde allí hacia las tierras bajas hasta Tikal, a donde llegaron, según las narraciones inscritas en los monumentos mayas, en el año 378, consiguiendo imponer su control sobre la dinastía local. Durante otros dos siglos, influyeron de manera muy directa en la vida política de las ciudades de las llanuras mayas y, asimismo, de centros importantes como Copán (Honduras).

Lo que es en verdad sorprendente es que los soberanos mayas relataran con orgullo sus relaciones políticas con Teotihuacán, cosa que también hacían los reyes zapotecas de Monte Albán y que siguieron haciendo hasta mucho tiempo después de que hubiera terminado la influencia política de Teotihuacán. Aparentemente, alardear de sus relaciones con el «poder universal» de la gran metrópoli mesoamericana era un signo de prestigio para todos los soberanos dinásticos de las diversas entidades políticas mesoamericanas, como si tal circunstancia les confiriese una especie de dignidad superior.

En las inscripciones mayas, la ciudad de Teotihuacán aparece citada como Puh, término que significa «perrito» o «lugar de los perros»; posiblemente se trataba de la traducción maya del topónimo original de la ciudad y, como veremos, fue un nombre destinado a tener un largo recorrido en la tradición mesoamericana. Por causas en gran parte aún desconocidas, el centro monumental de la ciudad se incendió hacia el año 650, lo que señaló el final de su esplendor. En realidad, Teotihuacán continuó habitada durante algunos siglos más, pero ya había perdido su poder y su influencia directa en el resto de Mesoamérica. Pero, como se verá, el recuerdo del «lugar de los perros» iba a perdurar durante siglos hasta convertirse en objeto de importantes elaboraciones mítico-religiosas.

Tampoco cayeron en el olvido las imponentes ruinas de la ciudad: se sabe que los reyes aztecas fueron allí en peregrinación y, según la mitología popular, Teotihuacán, construida por la mano de los gigantes, había sido el lugar de reunión de los dioses para crear, con su sacrificio, el Quinto Sol. Fue entonces cuando la ciudad se convirtió en Teotihuacán, «el lugar donde uno se convierte en dios».

51 - Máscara de piedra depositada como ofrenda en el Templo Mayor, un buen ejemplo del interés de los aztecas por los objetos de las antiguas culturas que los precedieron. No está claro si se trata de una máscara teotihuacana o de una reproducción azteca (Museo del Templo Mayor, Ciudad de México).

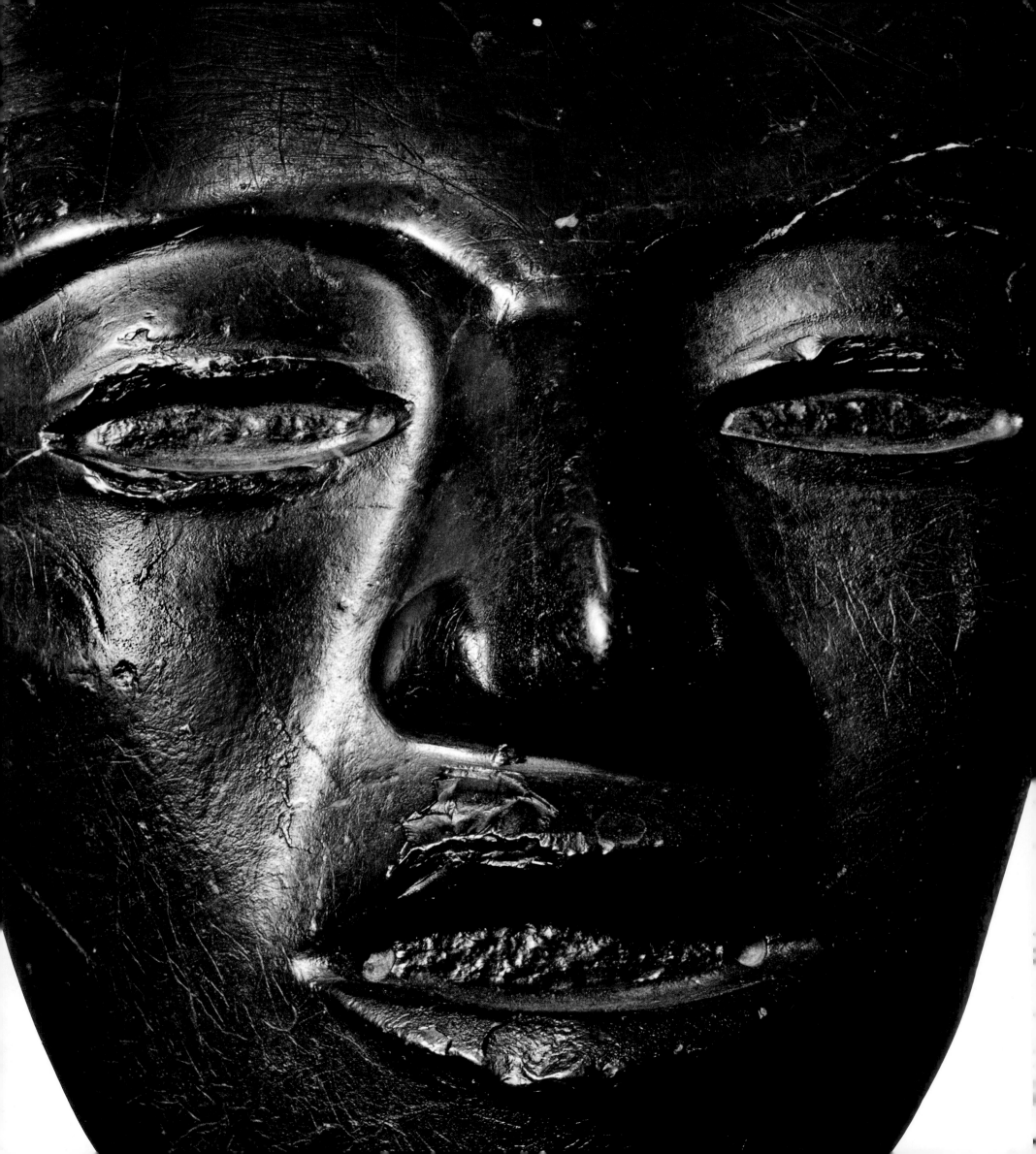

52 - Las máscaras de piedra de Teotihuacán no las usaban los vivos: se colocaban a los difuntos o se colgaban en un poste (Musée du Quai Branly, París).

53 - Las mejillas de esta máscara muestran recuadros decorativos (Phillip Goldman Collection, Londres).

54-55 - La pirámide de Cholula, el edificio más grande de la América precolombina, es hoy una colina coronada por el santuario de Los Remedios. Al pie de la pirámide se hallan los restos de antiguos edificios erigidos durante la vida de la que fue una de las principales ciudades-santuario de Mesoamérica.

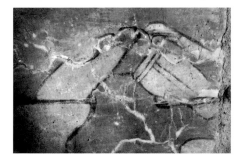

Si Teotihuacán no tuvo rival en el dominio político del México central durante el periodo clásico (200-650), la única ciudad que, en cierto modo, pudo equipararse con la metrópoli del valle de México fue Cholula, centro hegemónico de la región de Puebla-Tlaxcala. La ciudad estaba dominada por la mole de la mayor pirámide construida en el Nuevo Mundo, un enorme edificio de adobe probablemente dedicado al dios de la lluvia, como la pirámide del Sol de Teotihuacán.

54 abajo y 55 - El mural de los Bebedores (siglo ii), de 56 metros de largo y 2,5 metros de alto, representa diversos individuos que beben, probablemente durante una ceremonia dedicada a la deidad del pulque, la bebida alcohólica típica de Mesoamérica, que se obtiene de la fermentación del jugo del agave.

Hoy, la pirámide de Cholula aparece como una gran colina coronada por una iglesia colonial, pero, en realidad, es el resultado de cuatro remodelaciones arquitectónicas, todas correspondientes al periodo clásico, algunas de las cuales muestran una evidente influencia teotihuacana. A través de un intrincado sistema de túneles, los arqueólogos han sacado a la luz restos de las antiguas pinturas murales que decoraban la pirámide y los edificios que se elevaban a sus pies. Entre las pinturas destaca el célebre mural de los Bebedores, en el que aparecen personajes emborrachándose con el líquido que ingieren, probablemente durante algún acto ritual.

Cholula sobrevivió al colapso de Teotihuacán y, como se verá, continuó habitada hasta la época de la conquista sin perder nunca su fama de «ciudad sagrada».

NACIMIENTO Y APOGEO DEL ESTADO ZAPOTECA DE MONTE ALBÁN

56-57 - LA CONSTRUCCIÓN DE LA PLAZA CENTRAL DE MONTE ALBÁN, VISTA AQUÍ DESDE LA PLATAFORMA NORTE, EXIGIÓ UN ENORME TRABAJO PREVIO DE NIVELACIÓN DEL TERRENO.

56 EN EL CENTRO - EN EL CENTRO DE LA PLATAFORMA NORTE DE MONTE ALBÁN SE ENCUENTRA UN GRAN PATIO SEMISUBTERRÁNEO.

En el valle de Oaxaca, antes incluso de la aparición de Teotihuacán, surgió la capital de uno de los estados más antiguos del Nuevo Mundo. Alrededor de 500 a. de C., cuando San José Mogote estaba perdiendo su papel de principal centro de poder de la región, diversos grupos humanos dieron vida a una confederación política centrada en la nueva capital, Monte Albán. La ciudad fue edificada sobre un promontorio desde el que, al parecer, dominó durante más de mil años todo el valle de Oaxaca, auténtico «corazón» del pueblo zapoteca, cuyo nombre original era *Ben Zaa*, «pueblo de las nubes». La extraordinaria plaza central de Monte Albán fue construida

mediante un enorme trabajo de nivelación de la cima del monte en los siglos a caballo del comienzo de la era cristiana; desde allí, la aristocracia zapoteca no sólo gobernaba el amplio valle que se extendía a sus pies, sino otros muchos territorios de las cercanas regiones montañosas y de la Mixteca, donde asentamientos como Yucuita, Monte Negro y Cerro de las Minas muestran claras señales de su dependencia de la gran capital zapoteca. El testimonio monumental más célebre de las primeras fases de la construcción de la ciudad es, seguramente, el llamado templo de los Danzantes, decorado con más de 150 losas de piedra esculpidas en bajorrelieve con imágenes de prisioneros sacrificados que recuerdan la de San José Mogote y que celebraban públicamente el poder militar del naciente estado zapoteca. Además de las imágenes de prisioneros, las losas del templo de los Danzantes llevan grabadas inscripciones glíficas que contienen datos de calendario, y otras que, probablemente, son anotaciones históricas relativas a las empresas de los gobernantes locales. Muy semejantes a las esculturas de Monte Albán son las de la ciudad vecina de Dainzú (Oaxaca), cuya gran plataforma preclásica estaba decorada con cincuenta bajorrelieves que representaban jugadores de pelota, lo que prueba que el sistema ideológico centrado en las actividades militares, los sacrificios y el juego de pelota, característico de las formas propagandísticas de las civilizaciones posteriores, ya estaba plenamente vigente en los albores del potente estado zapoteca.

Otros testimonios de la actividad bélica de Monte Albán se encuentran en el edificio J, una insólita estructura construida hacia 200 a. de C. en la plaza central, en forma de flecha y orientada según alineaciones astronómicas específicas. Sus muros exteriores están decorados con losas en bajorrelieve que recogen fechas y nombres de las ciudades conquistadas por Monte Al-

y 500, Monte Albán estuvo sometida directamente al poder de Teotihuacán. Más tarde, tal hipótesis se ha visto reforzada por elementos provenientes de los yacimientos de la Mixteca, que, en aquel periodo, parece que salió de la órbita política de Monte Albán para pasar al control directo de Teotihuacán. A pesar de la existencia de tales indicios, es posible que Monte Albán no dependiese directamente de Teotihuacán, sino que la alianza con dicha ciudad fuese un elemento de prestigio y legitimación para los gobernantes locales, que no perdían ocasión de rese-

bán, algo así como una especie de «galería de trofeos» de la poderosa ciudad. Se cree que los jefes del estado zapoteca residieron en la Plataforma Norte, un gran complejo arquitectónico que cierra el lado septentrional de la plaza. Entre las mejores muestras de la riqueza de la aristocracia zapoteca de Monte Albán en sus fases más antiguas se cuenta una tumba encontrada en una cisterna de la plaza principal: su ocupante fue enterrado junto con un rico ajuar funerario en el que destaca una máscara de jade en forma de murciélago que es, ciertamente, uno de los objetos de piedra más extraordinarios de la antigua Mesoamérica. Coincidiendo con el apogeo de Teotihuacán, la vida política de Monte Albán parece haber experimentado grandes cambios. En el momento en el que se fundaba un barrio zapoteca en la ciudad del valle de México, en Monte Albán se edificaban zonas residenciales aparentemente habitadas por teotihuacanos. El hecho de que esos edificios se encuentren en la Plataforma Norte, tradicional residencia del gobierno de la ciudad, ha dado pie a la suposición de que, entre los años 200

ñar esta prestigiosa relación en los monumentos de la ciudad, igual que hacían durante el mismo periodo los soberanos mayas de Tikal. Es el caso de la llamada «estela lisa», sobre cuyos bordes están representados individuos teotihuacanos acompañados por inscripciones que parecen indicar sus nombres; los mismos aparecen también en los bordes de la estela 1, y eso prueba que debían de ser personajes importantes en el sistema político de Monte Albán, tal vez como emisarios o embajadores de la metrópoli del valle de México. Estos monumentos fueron erigidos durante el reinado de 12 Jaguar; quizá el rey más importante de la historia de Monte Albán. El mismo, con motivo de su coronación, hizo esculpir numerosas estelas que se colocaron en la Plataforma Sur, un templo construido para celebrar el gran acontecimiento político. La ya citada estela 1, por ejemplo, representa al rey en el trono durante la ceremonia de coronación; las otras, como la estela 4 y la estela 8, representan escenas de conquista y prisioneros de la nobleza destinados al sacrificio, según una tradición zapoteca muy arraigada.

58 - El sistema IV es uno de los complejos de templos de Monte Albán alineados en el lado oeste de la plaza. Se cree que fue uno de los templos asociados a los quince barrios en que estaba dividida la ciudad.

59 arriba a la izquierda - El edificio J se caracteriza por su situación, dictada por razones astronómicas, y también porque en sus paredes fueron colocadas las losas de la Conquista, monumentos que conmemoraban las victorias militares de Monte Albán.

59 en el centro a la izquierda - Las lápidas de los Danzantes, que en realidad representan prisioneros mutilados y sacrificados, son un testimonio claro del papel que desempeñaban las actividades bélicas en los primeros siglos de vida de Monte Albán.

59 a la derecha - Máscara de jade que representa el rostro del dios murciélago, que procede de una sepultura hallada en una cisterna de la plaza de Monte Albán (MNA, Ciudad de México).

59 abajo a la izquierda - Esta estela de Monte Albán representa un jaguar con tocado de plumas. (MNA, Ciudad de México).

60-61 - En el centro de la plaza de Monte Albán se eleva el edificio J, de carácter astronómico.

62 ARRIBA - ESCULTURA DE TERRACOTA ENCAJADA EN UNA PARED DE LA TUMBA 104 DE MONTE ALBÁN. EL PERSONAJE LLEVA EL TOCADO DE COCIJO, DIOS ZAPOTECA DE LA LLUVIA.

62 ABAJO - LAS PAREDES DE LA TUMBA 105 DE MONTE ALBÁN ESTÁN PINTADAS CON IMÁGENES DE PAREJAS DE ANTEPASADOS DE LA FAMILIA PROPIETARIA.

63 - LA ESCULTURA DE TERRACOTA ENCONTRADA EN LA TUMBA 77 DE MONTE ALBÁN, PROBABLEMENTE UN RETRATO DEL DIOS DEL PÁJARO DEL PICO LARGO, ES, SIN DUDA, UNA DE LAS GRANDES OBRAS MAESTRAS DE LA CERÁMICA MESOAMERICANA. FUE REALIZADA ENTRE LOS SIGLOS II A. DE C. Y I DE NUESTRA ERA (MNA, CIUDAD DE MÉXICO).

Después del año 500, ya desaparecida la influencia teotihuacana, Monte Albán vivió un nuevo momento de esplendor del que dan testimonio las imponentes remodelaciones arquitectónicas de la ciudad, que llegó a tener cerca de 25.000 habitantes. Este periodo se caracterizó por la que parece haber sido una fragmentación del poder político local, pues las numerosas residencias de la nobleza, situadas por entonces más allá de la Plataforma Norte, parecen demostrar una progresiva independencia de las familias, cada una de las cuales se hizo construir una suntuosa residencia, bajo la cual se hallaba la sepultura familiar. Esas tumbas, con las paredes ricamente decoradas, se cuentan entre las más hermosas producciones de la arqueología mesoamericana: los ejemplos más célebres son la tumba 104, dotada de grandes dibujos esquemáticos, y la 105, cuyas paredes están decoradas con una serie que representa a los antepasados de la persona para la que fue construida. Las tumbas fueron reutilizadas durante siglos para la inhumación de miembros de la misma familia, y es en sepulturas de esta clase donde se han encontrado las célebres piezas de cerámica zapoteca impropiamente conocidas como urnas: en realidad, se trata de vasijas esculpidas que representan hombres con máscaras de dioses, tal vez los antepasados divinizados del linaje al que perteneció la tumba, colocados allí como protección para los difuntos.

64 - Las esculturas de terracota con forma de jaguar son típicas de la fase Monte Albán II, quizá porque el animal era la deidad tutelar de la ciudad y de la dinastía reinante (MNA, Ciudad de México).

65 - Ejemplo de las complejas efigies de terracota zapotecas; se trata de la representación de un viejo con casco en forma de cabeza de jaguar con la figura de una divinidad superpuesta (colección particular, Nueva York).

66 - Escultura zapoteca de terracota encontrada en Monte Albán; representa un templo bajo cuyo techo hay un pájaro. (MNA, Ciudad de México).

67 - Urna zapoteca de terracota procedente de la tumba 109 de Monte Albán; representa a una aristócrata sentada, con tocado en forma de Cocijo, el dios de la lluvia. Los ojos están hechos con incrustaciones de nácar (MNA, Ciudad de México).

68 ARRIBA – DETALLE DE
UN BAJORRELIEVE DE UNA
JAMBA DE LA TUMBA 5 DE
GUIJAZO, QUE MUESTRA A
UN PERSONAJE QUE HABLA.

68 ABAJO – LA ANTECÁMARA
DE LA TUMBA 5 DE GUIJAZO
DA ACCESO

A LA CÁMARA FUNERARIA.
LA MÁSCARA DE UNA
DEIDAD TUTELA LA
ENTRADA.

69 – EN LA ANTECÁMARA II
APARECE PINTADA UNA
SACERDOTISA EN EL ACTO
DE OFRENDAR INCIENSO.

La fragmentación del panorama político zapoteca después del año 500 está asimismo atestiguada por el florecimiento de muchos centros menores, probablemente sedes de linajes independientes que controlaban pequeños reinos locales: es el caso de Jalieza, Yegüi, Lambyteco o Huijazóo, los dos últimos caracterizados por la presencia de tumbas extraordinarias con ricas decoraciones escultóricas y pictóricas. Este proceso de fragmentación política, que se distingue también por la gran difusión de estelas con datos de carácter genealógico, parece haberse acentuado después del año 650, tal vez en relación con la caída definitiva de Teotihuacán, cuando Monte Albán comenzó a despoblarse y el mundo zapoteca se fragmentó en una gran cantidad de reinos independientes, algunos de los cuales llegaron a alcanzar gran desarrollo.

LOS MIXTECAS DEL PERIODO CLÁSICO

La región de la Mixteca, comprendida entre los actuales estados de Oaxaca, Puebla y Guerrero, está dividida geográficamente en dos subregiones: la Mixteca alta, una zona montañosa al oeste del valle de Oaxaca, y la Mixteca baja o Nuiñe, constituida por tierras de menor altitud en las zonas limítrofes con dichos estados. A estas dos regiones hay que añadir la llamada Mixteca de la costa, una zona tropical en el litoral pacífico de Oaxaca.

La Mixteca alta fue ocupada en el preclásico por pueblos de agricultores mixtecas (que en náhuatl, la lengua de los aztecas, significa «pueblo de las nubes»), lingüísticamente emparentados con los zapotecas. Durante el periodo clásico florecieron asentamientos urbanos como Yucuñudahui, Yuquita, Etlatongo, Huamelulpán y Monte Negro, sin que ninguno de ellos lograra imponer su dominio sobre la región. Como ya se ha dicho, algunos de estos sitios acusan una fuerte influencia de Monte Albán y Teotihuacán en el curso de sus diversas fases de desarrollo.

Entre los asentamientos de la Mixteca baja destaca por su importancia Cerro de las Minas, localidad que, durante el periodo clásico, se convirtió en el principal centro político de la cultura Nuiñe, que se desarrolló principalmente entre los años

300 y 800 y es célebre por sus espléndidas «urnas», en cuyo estilo se mezclan elementos mixtecas, zapotecas y teotihuacanos.

Sin duda, la caída de Monte Albán afectó notablemente al conjunto del el área mixteca, que durante el largo periodo se benefició del colapso de la gran entidad política zapoteca, de manera que a un periodo de desequilibrio político le siguió, en el posclásico, otro de gran esplendor.

70 - EL VASO-EFIGIE DE
CERRO DE LAS MINAS
REPRESENTA AL DIOS VIEJO
DEL FUEGO SOSTENIENDO UNA
ESFERA DE COPAL (MUSEO DE
LAS CULTURAS, OAXACA).

70-71 - EL CENTRO DE YAGUL
ADQUIRIÓ IMPORTANCIA EN EL

POSCLÁSICO TARDÍO, CUANDO
ACOGIÓ A LA POBLACIÓN
ZAPOTECA DE LA VECINA
LAMBYTECO.

71 ABAJO - EL CAMPO DE
JUEGO DE YAGUL ES EL
SEGUNDO DE MESOAMÉRICA
POR SUS DIMENSIONES.

72-73 - PLATO POLICROMADO MIXTECA; SU CENTRO ESTÁ DECORADO CON UNA SERPIENTE EMPLUMADA RODEADA DE UN CORTEJO DE AVES RAPACES. LOS MIXTECAS COMPARTÍAN CON LOS DEMÁS PUEBLOS MESOAMERICANOS EL CULTO DE LA SERPIENTE EMPLUMADA (MNA, CIUDAD DE MÉXICO).

73 - ESTA EXTRAORDINARIA COPA POLICROMADA PERTENECE A LA CULTURA MIXTECA. EN SU BORDE HAY UNA FIGURA DE COLIBRÍ EN ACTITUD DE BEBER. LA PIEZA FUE ENCONTRADA EN LA TUMBA 1 DEL YACIMIENTO DE ZAACHILA (MNA, CIUDAD DE MÉXICO).

74 - Esta figurilla mixteca de terracota representa el rostro de una deidad. La característica pintura facial la identifica con Xiuhtecuhtli, el dios del fuego y del año (Museo de Etnología, Viena).

75 izquierda - Este jarrón trípode mixteca con la imagen de Caqui Bexelao, el dios de la muerte, con su típica figura de esqueleto, fue encontrado en la tumba 2 de Zaachila (MNA, Ciudad de México).

75 a la derecha - La decoración de este vaso policromado mixteca representa plumas, que a menudo de utilizaban en los atuendos rituales. (Museo de Etnología, Viena).

76 ARRIBA Y CENTRO A LA IZQUIERDA - LOS JUEGOS DE LUCES Y SOMBRAS HACEN RESALTAR LA DECORACIÓN DE LOS EDIFICIOS DE MITLA. LAS CENEFAS ESCALONADAS VISIBLES EN LA PARTE DE ARRIBA REPRESENTAN LA SECCIÓN DE UNA CARACOLA, SÍMBOLO DE LA SERPIENTE EMPLUMADA EN SU MANIFESTACIÓN DE DIOS DEL VIENTO.

76 EN EL CENTRO A LA DERECHA - EL PATIO SUR DEL GRUPO DE LAS COLUMNAS DE MITLA, EL GRAN CENTRO ZAPOTECA-MIXTECA DEL PERIODO EPICLÁSICO, ESTÁ RODEADO DE EDIFICIOS ESPLÉNDIDAMENTE DECORADOS. EN EL PAVIMENTO DEL PATIO SE ABRE EL ACCESO A UNA TUMBA CRUCIFORME DE ESTILO ZAPOTECA.

Mitla, ocupada desde el preclásico, se transformó en el gran centro zapoteca a partir de mediados del siglo VIII (coincidiendo con el declive de Monte Albán), un importante núcleo comercial frecuentado incluso por grupos mixtecas. Su nombre actual procede del náhuatl *mictlán* («el mundo de los muertos»), que, evidentemente, es una derivación del zapoteca *liubá* («sepultura»), que es el nombre original de la ciudad. El yacimiento arqueológico actual está compuesto por varios grupos arquitectónicos: el del Adobe y el Meridional son los más antiguos, mientras que el espléndido grupo de las Columnas, con sus edificios decorados con motivos geométricos, es el testimonio más eficaz del desarrollo alcanzado por Mitla entre los años 750 y 900. En el posclásico destacan los grupos del Arroyo y de la Iglesia, coronado por una iglesia del siglo XVII.

76 ABAJO A LA DERECHA -
LOS EDIFICIOS DEL PATIO
NORTE DEL GRUPO DE LAS
COLUMNAS DE MITLA POSEEN
MOLDURAS QUE SIGUEN LOS
MODELOS ZAPOTECAS DE
DOBLE ESCÁPULA.

76 - 77 - EN ESTA VISTA DEL
GRUPO DE LAS COLUMNAS,
EL MÁS CÉLEBRE CONJUNTO
ARQUITECTÓNICO DE MITLA,
DESTACA LA IGLESIA DEL
SIGLO XVII QUE DOMINA
EL LUGAR.

3

DE LA CAÍDA DE LOS ESTADOS CLÁSICOS AL APOGEO DEL ESTADO TOLTECA

El periodo epiclásico y Xochicalco
pág. 80

Cacaxtla
pág. 86

De Tula Chico a Tula
pág. 92

El mito de Tollán y Ce Ácatl Topiltzin Quetzalcóatl
pág. 96

La aventura de 8 Venado, rey de los mixtecas
pág. 98

La caída de Teotihuacán, en el año 650, significó el principio de un reequilibrio del panorama político de México central, cuyo rasgo más destacado fue el nacimiento de numerosos reinos independientes. Teotihuacán siguió habitada hasta el año 1000, con una población cercana a las 30.000 almas que la mantuvo en el primer lugar del valle de México por número de habitantes. Sin embargo, el colapso del gran sistema político y económico tejido por la ciudad en el periodo clásico temprano dejó un gran vacío de poder que, durante el llamado periodo epiclásico (o clásico tardío, 650-900), fue ocupado por nuevas y dinámicas entidades políticas regionales que competían entre sí por el control de las vías comerciales y, probablemente, para asegurarse la dignidad de «herederas» de Teotihuacán. Entre los principales centros epiclásicos destacan por su importancia Xochicalco (Morelos), Facaxtla (Tlaxcala), Tula (Hidalgo), Cantona (Veracruz) y Teotenango (estado de México). Pero no todas las entidades políticas epiclásicas fueron fundadas en aquella época: en la región de Puebla-Tlaxcala, por ejemplo, Cholula consiguió sobrevivir al colapso del periodo clásico y continuó siendo el centro dominante de la región; incluso es posible que acogiera una parte de la población de Teotihuacán. En los altares 1, 2 y 3 de Cholula, decorados con volutas típicas de las regiones costeras, existen pruebas de contactos con la costa del Golfo, donde florecía por entonces el gran centro monumental de El Tajín.

El clásico tardío fue también un periodo de grandes movimientos de población, de migraciones en el interior de Mesoamérica que quebraron la sustancial homogeneidad étnico-lin-

78 - Cabeza de guerrero tolteca con casco en forma de cabeza de coyote (MNA, Ciudad de México).

80 - La estela de los Dos Glifos, en la que aparecen grabados los signos 10 Caña y 9 Ojo de reptil, se yergue en la plaza central dedicada a las asambleas públicas.

80-81 y 82-83 - El templo de las Serpientes Emplumadas emerge de la plaza de la acrópolis de Xochicalco, zona quizá reservada a la aristocracia político-religiosa.

güística que, con excepción de Teotihuacán, había caracterizado las diversas entidades políticas del periodo anterior. Este fenómeno, unido a los cambios en el equilibrio político y a la intensa hibridación cultural, se convirtió en una de las bases de las sucesivas culturas del periodo posclásico (900-1251).

La más conocida de las nuevas ciudades del periodo epiclásico es Xochicalco (Morelos), un espléndido centro monumental sobre el monte homónimo que domina el valle de Morelos. Fundada quizá por una confederación de grupos humanos en una región habitada desde la época de Teotihuacán, después del año 650 Xochicalco llegó a detentar el control de las vías comerciales que unían el valle de México con el del Balsas, en el estado de Guerrero, por las que circulaban valiosos productos, como plumas, cacao, piedras verdes y algodón.

El centro monumental de Xochicalco está dividido en dos grandes sectores: un complejo de plazas públicas a las que se asoman grandes templos piramidales y canchas de juego (una de las mayores se encuentra en el vecino cerro de la Malinche), y una acrópolis situada a mayor altura y reservada a la

aristocracia de la ciudad. En la zona pública destaca la plaza central, en medio de la cual se encuentra un altar coronado por la estela de los Dos Glifos, a cuyos lados se elevan las principales pirámides de la urbe. En la acrópolis, además de los palacios de la aristocracia, que hasta tenían baños de vapor, se levanta el edificio más célebre de la ciudad: el templo de las Serpientes Emplumadas. Sus muros laterales están decorados con espléndidos bajorrelieves que representan serpientes emplumadas, entre cuyos anillos se sientan los gobernantes de la ciudad. Como testimonio del renovado equilibrio cultural del periodo epiclásico, el estilo artístico de Xochicalco parece, en cierto modo, híbrido: si las serpientes emplumadas recuerdan los antecedentes teotihuacanos, la posición de los gobernantes, sentados con las piernas cruzadas, es característica del arte maya del sureste. Encima de las serpientes aparece una serie de imágenes repetidas en las que un noble aparece sentado frente a un grupo de glifos siempre igual, formado por una mandíbula y un círculo con una cruz en el centro, que alude, probablemente, al pago de impuestos, pues junto a cada uno

de estos grupos de glifos se sitúa uno, siempre distinto, que parece ser el topónimo de una de las comunidades sometidas a Xochicalco o pertenecientes a la confederación política.

Son numerosas las muestras de escritura halladas en Xochicalco, como la ya citada estela de los Dos Glifos, y monumentos como la losa de los Cuatro Glifos, las estelas 1, 2 y 3 y otros muchos más. En todos los casos, la escritura de Xochicalco parece una evolución de la pictografía teotihuacana, lo que confirma la estrecha relación entre la vieja capital y el nuevo centro dominante del valle de Morelos.

Como la de gran parte de los centros epiclásicos, la historia de Xochicalco fue breve: hacia el año 900, la ciudad fue abandonada casi por completo.

81 ARRIBA - EN EL PERIODO EPICLÁSICO, SE ERIGIERON EN LA CIUDAD-SANTUARIO DE CHOLULA, AL PIE DE LA GRAN PIRÁMIDE, MONUMENTOS CON DECORACIÓN DE VOLUTAS.

81 ABAJO - LOS MARCADORES DE PUNTOS PARA EL JUEGO DE PELOTA EN FORMA DE PAPAGAYO ESTÁN TANTO EN XOCHICALCO COMO EN LA LEJANA ZONA MAYA (MNA, CIUDAD DE MÉXICO).

84 - LAS CÉLEBRES ESTELAS 3, 2 Y 1 DE XOCHICALCO, RITUALMENTE «MUERTAS», PINTADAS CON CINABRIO Y ENTERRADAS EN EL TEMPLO DE LAS ESTELAS, MUESTRAN LA ALTERNANCIA DE GLIFOS DEL CALENDARIO, TOPÓNIMOS Y ROSTROS DE DIVINIDADES, ENTRE LOS CUALES SE RECONOCE AL DIOS DE LA LLUVIA, TLÁLOC (A LA IZQUIERDA), Y DOS PROBABLES REPRESENTACIONES DE QUETZALCÓATL. LOS TEXTOS DE LAS TRES ESTELAS, QUE FORMAN LA MAYOR INSCRIPCIÓN PREAZTECA CONOCIDA HASTA AHORA, AÚN NO HAN SIDO DESCIFRADOS POR COMPLETO (MNA, CIUDAD DE MÉXICO).

85 - LA LOSA DE LOS CUATRO GLIFOS, ENCONTRADA EN LA CÁMARA DE LAS OFRENDAS DE LA ESTRUCTURA A DE XOCHICALCO JUNTO CON OTRAS OFRENDAS FUNERARIAS, CONTIENE LOS GLIFOS DE CALENDARIO 5 CAÑA, 8 CONEJO, 7 OJO DE REPTIL Y 6A (MNA, CIUDAD DE MÉXICO).

El centro monumental de Cacaxtla, contiguo a Xochitécatl, se convirtió en el principal centro de poder de la región de Puebla-Tlaxcala a partir del año 600, fecha en que fue fundado por los olmeca-xicalanca; este grupo, procedente de la región de Tabasco, consiguió incluso dominar Cholula durante un par de siglos a partir del año 800.

Como otros centros epiclásicos, Cacaxtla fue construida por exigencias defensivas, lo que atestigua la inestabilidad del panorama político de la época. El centro monumental está dominado por el Gran Basamento, una plataforma de buen tamaño sobre la que se asientan edificios de carácter residencial y religioso, decorados con las que son, probablemente, los murales más bellos de la antigua Mesoamérica.

Entre las pinturas más antiguas del yacimiento, que se remontan a alrededor del año 600, se cuentan las de los templos Rojo y de Venus. En una de las escaleras del primero se ven imágenes de cuerpos de prisioneros y lo que parecen ser los nombres de ciudades conquistadas. Otra escalera del mismo templo está flanqueada por pinturas que representan a un viejo dios, tal vez el de los comerciantes, junto a su gran fardo (*cacaxtli*) que contiene plumas, bolas de resina de copal, un elaborado tocado y un caparazón de tortuga. Frente al dios se alzan una planta de cacao y otra de maíz, ésta con las mazorcas en forma de cabeza humana. En el suelo, por donde corre un río formado por una Serpiente Emplumada y una franja llena de animales acuáticos, se observa la imagen de un gran sapo. Dos de las jambas del cercano templo de Venus están decoradas con pinturas que representan dos divinidades con la piel azul, una masculina y la otra femenina; ambas visten un faldellín de piel de jaguar sobre el que aparece el símbolo del planeta Venus, y la figura masculina tiene cola de escorpión.

En la fachada del edificio B, que flanquea la plaza central del yacimiento, está pintado el gran mural de la Batalla, de casi 26 metros de largo, que data de alrededor de 650. Representa el choque entre dos ejércitos formados por guerreros que se distinguen por el color de la piel y por el atuendo. El ejército vencedor está compuesto por individuos de piel oscura cubiertos con vestiduras de jaguar, mientras que los guerreros vencidos, de piel rosada, las llevan de águila. La escena, caracterizada por el crudo realismo con que están representadas las heridas de lanza, está pintada en un estilo que parece una perfecta síntesis entre la tradición artística del altiplano y la maya, esta última muy evidente por el uso de un brillante color conocido como «azul maya». Junto a los personajes hay glifos que, una vez más, parecen derivados de la pictografía teotihuacana.

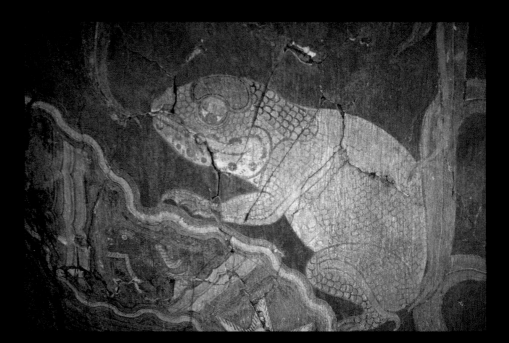

86 - DETALLE DE LAS PINTURAS DEL TEMPLO ROJO DE CACAXTLA. SOBRE UNA CORRIENTE DE AGUA HAY UN SAPO, ANIMAL QUE EN LA ICONOGRAFÍA MESOAMERICANA ESTÁ ASOCIADO A LAS DIVINIDADES ACUÁTICAS.

87 - NOBLE DE CACAXTLA CON TOCADO ZOOMORFO; LLEVA LA CARA PINTADA Y LOS INCISIVOS LIMADOS EN FORMA DE «T», COSTUMBRE EXTENDIDA ENTRE LOS NOBLES Y REYES MESOAMERICANOS (MNA, CIUDAD DE MÉXICO).

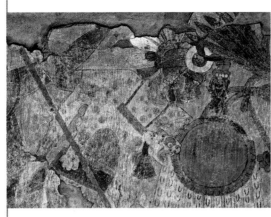

88 - EL MURAL DE LA BATALLA DE CACAXTLA REPRESENTA EL COMBATE ENTRE GUERREROS-JAGUAR Y GUERREROS-ÁGUILA. LAS DIFERENCIAS EN EL COLOR DE LA PIEL PARECEN SUGERIR UNA DISTINCIÓN ÉTNICA ENTRE AMBOS GRUPOS.

88-89 - SI BIEN ALGUNOS ELEMENTOS ICONOGRÁFICOS DEL MURAL DE LA BATALLA DE CACAXTLA, COMO LOS GLIFOS VISIBLES A LOS LADOS DEL PERSONAJE, TIENEN UN EVIDENTE ORIGEN TEOTIHUACANO, EN OTROS SE APRECIA UNA FUERTE INFLUENCIA MAYA, QUE SE MANIFIESTA, POR EJEMPLO, EN LA PROFUSA UTILIZACIÓN DEL PIGMENTO CONOCIDO COMO «AZUL MAYA».

Las pinturas más recientes de Cacaxtla, realizadas hacia el año 800 en el pórtico A, son las más hermosas de todo el yacimiento. En las jambas de la puerta central aparecen dos figuras de dioses pintadas con un estilo muy semejante al maya. A los lados de las jambas se encuentran los que podrían ser los retratos de dos reyes, o bien representaciones de aspectos sobrenaturales de la realeza. A la izquierda, un rey vestido con un traje de jaguar está de pie sobre una serpiente con la piel manchada, mientras sostiene un cetro del que caen gotas de lluvia; a su lado, el glifo 9 Ojo de Reptil, que tal vez es el nombre del soberano referido al mundo subterráneo. En la pared de la derecha, un rey vestido de águila se yergue sobre una Serpiente Emplumada, que sostiene un cetro en forma de serpiente bicéfala. Está de pie y, junto a él, se lee el glifo 13 Pluma, que, en este caso, parece ser el nombre del rey, pero referido al mundo celeste.

Las extraordinarias pinturas de Cacaxtla parecen dominadas por la oposición dual entre jaguares y águilas, símbolos del mundo subterráneo y del mundo celeste, referentes simbólicos del poder político mesoamericano. Es difícil saber si esta oposición alude a una suerte de doble poder que caracterizaba el lugar, así como también si el Mural de la Batalla representa un enfrentamiento real o es una metáfora de la oposición entre los dos principios cosmológicos fundamentales. En realidad, tal ambigüedad forma parte del pensamiento mesoamericano, según el cual los acontecimientos terrenales deben ser vistos como el reflejo de esquemas cosmológicos. Como en Teotihuacán, hay indicios de un «conflicto» entre jaguares y serpientes emplumadas, un conflicto que se repetirá en épocas posteriores y que parece manifestarse también en las extraordinarias pinturas de Cacaxtla.

La dominación de los olmeca-xicalanca en Cacaxtla y en la vecina Cholula duró hasta alrededor del año 900, cuando aquellos belicosos señores-comerciantes fueron expulsados de la zona de Puebla-Tlaxcala, y Cacaxtla, definitivamente abandonada.

90 - En el pórtico A de Cacaxtla se enfrentan las imágenes de un rey-águila y un rey-jaguar, en alusión al carácter dual (celeste-subterráneo) de la realeza mesoamericana.

91 - Detalle de la pintura del pórtico A de Cacaxtla, con un quetzal sobre el glifo 13 Pluma, probablemente el nombre del soberano-águila que alude a su esencia celeste.

94 - Los bajorrelieves policromos con procesiones de guerreros armados son típicos del arte tolteca (MNA, Ciudad de México).

95 a la izquierda - Atlante de piedra policroma de Tula vestido con una capa formada por placas de concha (MNA, Ciudad de México).

95 a la derecha - Esta estatuilla de Tula representa al dios de la lluvia, Tláloc, con gorro y capa de plumas (MNA, Ciudad de México).

EL MITO DE TOLLÁN Y CE ÁCATL TOPILTZIN QUETZALCÓATL

No se puede hablar de Tula y de los toltecas sin hacer referencia al célebre mito azteca que narraba la gesta de Ce Ácatl Topiltzin Quetzalcóatl. Según este mito, cuyas variantes se relacionan en numerosas fuentes antiguas, Ce Ácatl Topiltzin («nuestro señor uno caña») era hijo de Mixcóatl («serpiente nube»), jefe de los chichimecas («linaje del perro»), el cual había guiado la migración que llevó a su pueblo desde las lejanas tierras del norte hasta el centro de México. Tras la muerte de su padre, Ce Ácatl marchó a Xochicalco, donde se convirtió en sacerdote de Quetzalcóatl, la Serpiente Emplumada, y añadió el nombre de la divinidad al suyo. Desde allí viajó hacia el norte, donde fundó Tollán («el lugar de las cañas»), una espléndida y rica ciudad habitada por los toltecas, maestros artesanos a quienes se tenía por inventores de las artes y auténticos iniciadores de la civilización. Según el mito azteca, Ce Ácatl Topiltzin Quetzalcóatl (cuya figura se confunde significativamente con la de la divinidad urbana) gobernó con sabiduría la ciudad hasta que los sacerdotes de Tezcatlipoca («espejo humeante»), el dios con figura de jaguar que era el antagonista cósmico de la Serpiente Emplumada, lo indujeron a pecar y a huir de Tollán. Ce Ácatl Topiltzin Quetzalcóatl emigró hacia el sur en compañía de los suyos hasta llegar a un lugar llamado Tlapallán («el lugar del rojo»), donde, según algunas versiones, ascendió al cielo bajo la forma de la estrella de la mañana y, según otras, se adentró en el mar, prometiendo volver en el futuro.

Obviamente, hace mucho que los estudiosos se preguntan si el mito esconde una realidad histórica, y, consecuentemente, muchos investigadores han intentado identificar la ciudad de Tollán, hasta que Wigberto Jiménez Moreno consiguió demostrar que la Tollán de las fuentes aztecas era Tula, cuyo nombre moderno no es otra cosa que la corrupción del antiguo topónimo. Esta identificación parecía explicar, además, otro antiguo misterio de la arqueología mesoamericana: la extraordinaria semejanza entre Tula y Chichén Itzá, la capital yucateca que parece una auténtica copia de Tula. Si la historia narrada por la tradición es cierta, Chichén Itzá habría sido el destino del viaje de Ce Ácatl, que habría hecho reconstruir en las lejanas tierras de los mayas una copia de la Tollán que se había visto obligado a abandonar. Pero en los últimos años, tales certidumbres han comenzado a tambalearse y los expertos han formulado nuevas hipótesis. En primer lugar, hemos visto que en la propia Teotihuacán, llamada Tollán («el lugar de las cañas») por los mayas, existía un importante culto a la Serpiente Emplumada, y hay indicios arquitectónicos de un «conflicto» entre la Serpiente Emplumada y el jaguar, conflicto que se repite en las pinturas murales de Cacaxtla. Además, no todas las numerosas referencias a Tollán que aparecen en las fuentes de diversas regiones mesoamericanas pueden asociarse a Tula, y a menudo parecen referirse a Cholula, Chichen Itzá y otras ciudades del posclásico temprano.

¿Cómo explicar todo esto? Según la hipótesis más acreditada en este momento, durante el periodo epiclásico el recuerdo de la ya desaparecida Teotihuacán y de su papel político se convirtió en una especie de modelo mítico en el que Tollán se convierte en la ciudad por excelencia, sede de la Serpiente Emplumada y origen de la realeza suprema. Con ese paradigma se habrían construido muchas ciudades del posclásico antiguo como Tula, Cholula y Chichén Itzá, que se presentaban así como réplicas terrenales de la ciudad mítica. Este esquema, que asumió nuevos estímulos culturales procedentes del norte de México, como la guerra santa llevada a cabo con grandes ejércitos, se difundió ampliamente en aquella época a fin de responder a la necesidad de legitimación política de los nuevos reinos multiétnicos, reinos que encontraron en el mito de Tollán y en la figura de la Serpiente Emplumada una ideología universalista que cuadraba bien con sus necesidades. Si Tula fue la Tollán de los aztecas, Cholula (que no por casualidad era conocida en la época colonial como Tollán Cholollan) lo fue para los pueblos del área de Puebla-Tlaxcala y tal vez de Oaxaca, y Chichén Itzá se convirtió en la Tollán del sudoeste mesoamericano.

A lo largo del posclásico temprano (900-1250) todas estas ciudades fueron importantes sedes del culto a la Serpiente Emplumada y fuentes de la suprema dignidad real: los soberanos de los diversos reinos mesoamericanos las visitaban para hacerse perforar la nariz con el adorno de turquesas que era símbolo de tan alta dignidad. Cholula, por ejemplo, mantuvo su extraordinario florecimiento gracias a un santuario de Quetzalcóatl que era uno de los más famosos de Mesoamérica y cuya importancia se mantenía aún plenamente en la época de la conquista española.

97 A LA IZQUIERDA - ESCULTURA AZTECA DEL PERIODO POSCLÁSICO TARDÍO QUE REPRESENTA A QUETZALCÓATL. EL DIOS ERA EL PROTAGONISTA DE UN CICLO MITOLÓGICO EN EL QUE SE MANTIENE UNA CONSTANTE AMBIGÜEDAD ENTRE LA DEIDAD Y EL MÍTICO GOBERNANTE DE LA CIUDAD DE TOLLÁN, SU MANIFESTACIÓN TERRENAL (MUSEO BRITÁNICO, LONDRES).

97 A LA DERECHA - EN ESTA ESCULTURA AZTECA, EL DIOS QUETZALCÓATL EMERGE DE LA BOCA DE UNA SERPIENTE EMPLUMADA, SU «ALTER EGO» ANIMAL; LAS OREJAS EN FORMA DE CONCHA LO IDENTIFICAN TAMBIÉN COMO EHÉCATL, EL DIOS DEL VIENTO (MUSEO DEL LOUVRE, PARÍS).

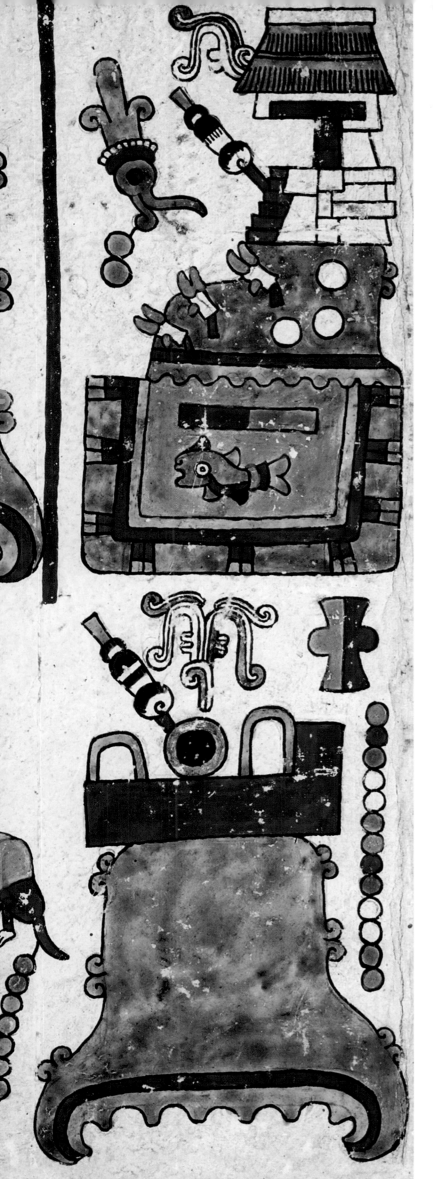

Si Tula es tal vez el mejor paradigma del esplendor de una de aquellas Tollán posclásicas, la historia del rey mixteca 8 Venado es un excelente ejemplo de las dinámicas políticas vigentes en otras regiones mesoamericanas y de su relación con las grandes capitales-santuario.

Es sabido que, tras la caída de Monte Albán, las regiones de Oaxaca habían asistido al florecimiento de muchos pequeños reinos locales, entre los que alcanzaron especial relevancia los mixtecas. En aquel periodo, algunos de estos grupos se asentaron también en el valle de Oaxaca y en la ciudad de Monte Albán, donde se encontraron sepulturas que contenían ajuares funerarios mixtecas de riqueza extraordinaria, con numerosos trabajos de oro y turquesas. Los diversos reinos mixtecas y zapotecas de la época mantenían una compleja vida política hecha de conflictos, matrimonios entre nobles y alianzas cambiantes.

En un pequeño reino de la Mixteca alta, Tilantongo, nació en el año 1011 8 Venado «Garra de Jaguar», un personaje ambicioso que usurpó el trono al rey 9 Viento y que inició una estrategia política basada en conquistas militares y alianzas matrimoniales. En pocas décadas extendió su dominio sobre setenta asentamientos. La extraordinaria aventura de 8 Venado se narra en diversos códices mixtecas, unos libros de piel de ciervo sobre los que los artesanos pintaron las historias de sus reinos. Seis de aquellos libros han sobrevivido al tiempo y a la destrucción de los conquistadores, y es sobre todo gracias a sus ilustraciones históricas como podemos conocer los detalles de la vida política mixteca durante el posclásico. Las historias relativas a 8 Venado cuentan que, una vez llegado a la cúspide del poder, el soberano viajó hasta Tollán (¿Cholula?), donde se hizo perforar la nariz con el adorno de turquesa que acreditaba su dignidad.

El dominio de Tilantongo terminó con la muerte de 8 Venado, ocurrida en 1063 a manos de un señor rival, pero los reinos mixtecas siguieron prosperando durante siglos en las regiones de Oaxaca, donde su cultura aún estaba muy viva en el momento de la llegada de los conquistadores españoles.

98-99 - PÁGINA DEL CÓDICE ZOUCHE-NUTTALL, TAL VEZ EL MÁS HERMOSO Y CÉLEBRE DE LOS MANUSCRITOS HISTÓRICOS MIXTECAS SOBRE PIEL DE CIERVO, EN LOS QUE SE NARRAN LAS VICISITUDES HISTÓRICO-MITOLÓGICAS DE LAS DINASTÍAS QUE ASUMIERON ALGUNAS DE LOS PRINCIPALES SEÑORÍOS MIXTECAS (BODLEIAN LIBRARY, OXFORD).

100-101 - DETALLE DEL CÓDICE MIXTECA ZOUCHE-NUTTALL, EN EL QUE APARECE EL SOBERANO 8 VENADO DE TILANTONGO EN EL MOMENTO DE CAPTURAR A SU ADVERSARIO 4 VIENTO SUJETÁNDOLO POR EL CABELLO. LOS NOMBRES DE AMBOS PERSONAJES ESTÁN ESCRITOS A LA IZQUIERDA DE LAS IMÁGENES (BODLEIAN LIBRARY, OXFORD).

101 - EN EL CÓDICE ZOUCHE-NUTTALL SE REPRESENTA TAMBIÉN LA ESCENA DE LA PERFORACIÓN DE LA NARIZ DE 8 VENADO, QUE CULMINA CON LA INSERCIÓN DEL ADORNO DE TURQUESAS, QUE ERA EL SIGNO DE LA SUPREMA REALEZA. OTROS CÓDICES MIXTECAS CUENTAN QUE EL ACONTECIMIENTO TUVO LUGAR EN LA CIUDAD DE TOLLÁN (BODLEIAN LIBRARY, OXFORD).

102 - Pequeña máscara de oro mixteca que representa al dios Xipe-Totec; fue hallada en la tumba 7 de Monte Albán, una sepultura zapoteca de la época clásica que los mixtecas reutilizaron, depositando en ella un rico ajuar funerario (Museo de las Culturas de Oaxaca).

103 a la izquierda - Pendiente mixteca de oro que representa una mujer noble con collar, pendientes y adorno labial (Museo Británico, Londres).

103 derecha - Este pendiente mixteca se encontró en la tumba 7 de Monte Albán. El águila en vuelo picado, símbolo solar, zse repite en la iconografía de México central (Museo de las Culturas de Oaxaca).

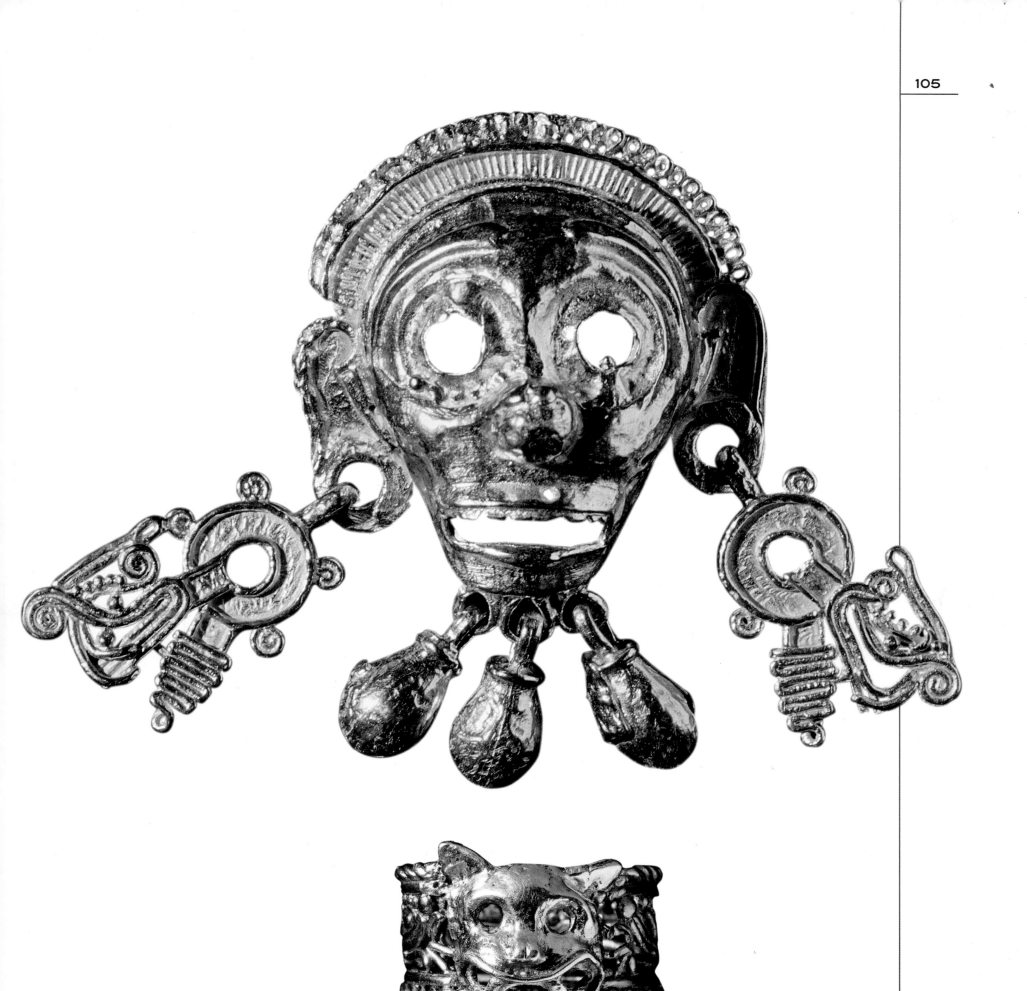

104 - PECTORAL DE ORO HALLADO EN LA TUMBA 7 DE MONTE ALBÁN; SE TRATA DE MICTLATECUHTLI, DIOS DEL MUNDO DE LOS MUERTOS, DE ROSTRO ESQUELÉTICO (MUSEO DE LAS CULTURAS DE OAXACA).

104 ARRIBA - PENDIENTE MIXTECA DE ORO DEL POSCLÁSICO ANTIGUO, HECHO CON LA TÉCNIC DE LA CERA PERDIDA; REPRESENTA LA CARA DE UNA MONA. (MUSEO DE LAS CULTURAS DE OAXACA).

105 ABAJO - ANILLO MIXTECA HECHO CON UNA ALEACIÓN DE ORO Y PLATA, DEL POSCLÁSICO TEMPRANO, CON DOS SERPIENTES FLANQUEANDO LA CARA DE UN FELINO (MUSEO BRITÁNICO, LONDRES).

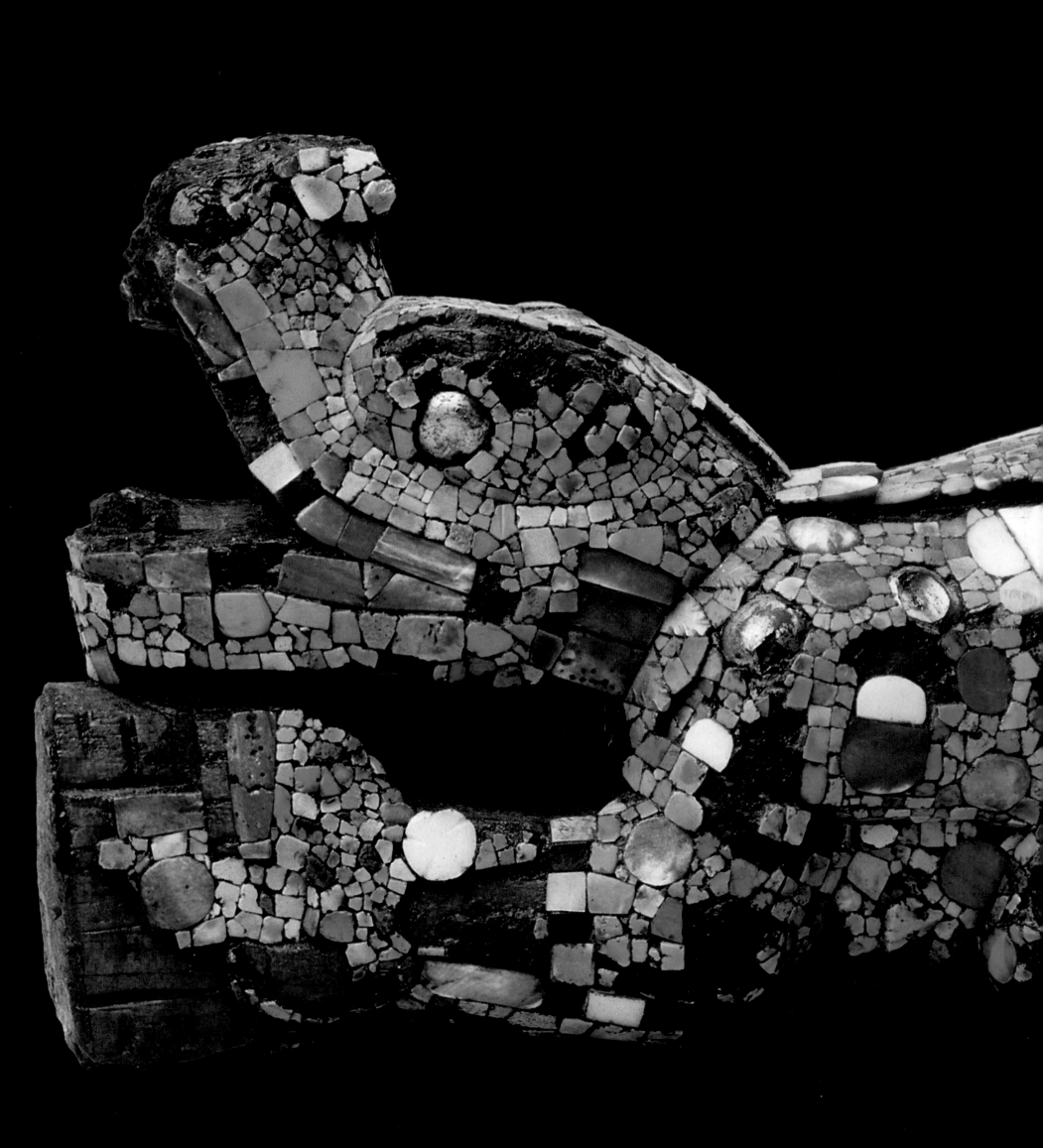

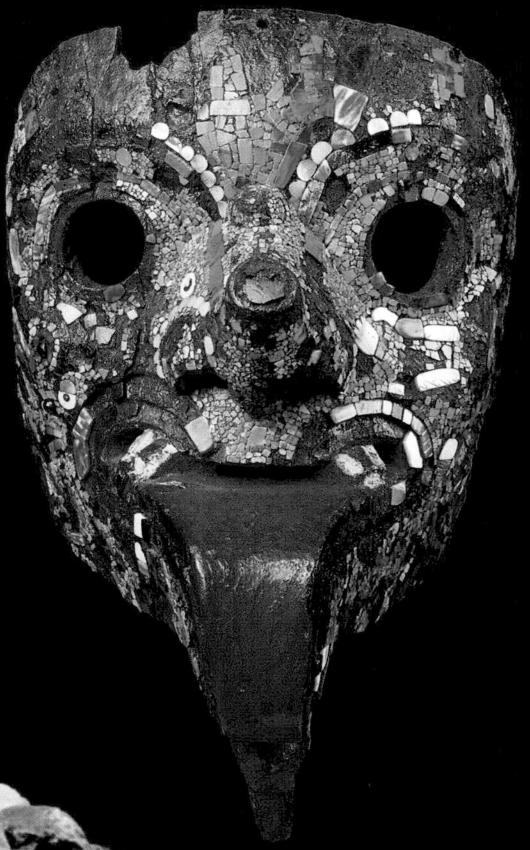

106-107 - Mango de un
cuchillo ceremonial
azteca-mixteca, hecho
de mosaico de turquesas
y nácar, que podría
representar a Xiuhcóatl,
«la Serpiente de Tur-
quesa» (Museo Nacional
Prehistórico Etnográfico
Luigi Pigorini, Roma).

107 arriba - Máscara
azteca-mixteca de madera,
recubierta de mosaico de
turquesas y nácar;
representa a Ehécatl
o Xólotl, el gemelo de
Quetzalcóatl (MNPE
Luigi Pigorini, Roma).

107 abajo - Máscara
azteca-mixteca; el
personaje lleva una
nariguera escalonada
y un tocado ceñido
por dos serpientes
entrelazadas (MNPE
Luigi Pigorini, Roma).

LOS AZTECAS TESOROS DE LAS GRANDES CIVILIZACIONES

LOS PUEBLOS DEL NORTE

Las tierras de los chichimecas
pág. 110

El Occidente mexicano
pág. 112

La Mesoamérica septentrional
pág. 120

Aridamérica, tierra de nómadas
pág. 124

Los hohokam
pág. 126

El área mogollón
pág. 128

Paquimé
pág. 130

Los anasazi o pueblo ance
pág. 132

109 - Figura femenina procedente de una sepultura de la cultura de las tumbas de pozo del estado de Nayarit. Muestra los rasgos característicos de la cerámica de Lagunillas, como la acentuación de la deformación artificial del cráneo, y data del periodo preclásico tardío (MNA, Ciudad de México).

110 - Disco de oro de la cultura tarasca (posclásico tardío), labrado con imágenes de divinidades (MNA, Ciudad de México).

111 - Esta máscara de cobre del dios Xipe Totec, «el desollado», fue realizada en el ámbito de la cultura tarasca o purépecha, en la región del estado de Michoacán (MNA, Ciudad de México).

Hasta la decadencia del periodo clásico, la trayectoria cultural mesoamericana fue en gran medida fruto de la evolución de tradiciones locales cultural y lingüísticamente homogéneas; pero el hundimiento de los grandes centros clásicos marcó el punto de partida de nuevas relaciones entre los pueblos de Mesoamérica y los de las regiones de México septentrional, cuya influencia iba a ser fundamental en la creación de la nueva identidad cultural, compuesta y multiétnica, de la Mesoamérica posclásica.

Las tierras de México septentrional, donde grandes cadenas montañosas ciñen algunos de los mayores desiertos del mundo, estaban habitadas por los chichimecas («linaje del perro»), nombre que los pueblos de lengua nahua de México central daban a los «bárbaros» cazadores recolectores. En realidad, bajo este apelativo, que se convirtió en sinónimo de «septentrional», se reunían grupos humanos de culturas muy diversas, algunos de los cuales eran agricultores mesoamericanos de pura cepa que vivían en estrecho contacto, y a veces en conflicto, con los auténticos nómadas de los desiertos del norte. Muchos de tales agricultores se habían visto empujados hacia el norte en el periodo clásico, durante el apogeo del sistema económico-político de Teotihuacán, tal vez aprovechan-

do una fase de bonanza climática que les permitió cultivar tierras hasta entonces demasiado áridas, y desplazar así hacia el norte la frontera septentrional de Mesoamérica. Desde aquel periodo, las progresivas interacciones con los nómadas del norte generaron una gran ampliación de las redes comerciales mesoamericanas, así como el nacimiento de nuevas formas políticas e ideológicas.

A partir de los siglos VII y VIII, la coincidencia de la caída de Teotihuacán con un periodo de sequía constituyó el pistoletazo de salida de una serie de migraciones hacia el sur tanto de los pueblos agricultores como de los verdaderos nómadas, lo que intensificó ulteriormente los contactos y los intercambios entre Mesoamérica y las tierras del Gran Norte. Ambas zonas estaban ahora unidas por una vasta red comercial que conectaba el suroeste estadounidense con la lejana área maya que aún estaba plenamente activa en el momento de la conquista española.

Para comprender bien lo que fue el posclásico mesoamericano es necesario, por tanto, dirigir la mirada hacia las tierras del norte, verdadera zona de gestación de los fenómenos políticos e ideológicos que cambiaron para siempre el curso de la historia mesoamericana.

112 - Jugador de pelota del periodo preclásico tardío, perteneciente a la cultura de las tumbas de pozo. Entre las actividades representadas en las figuras de terracota de estilo San Sebastián de Jalisco se encuentra la del juego ritual de la pelota, ampliamente difundido por el Occidente de México (MNA, Ciudad de México).

113 a la izquierda - Las estatuillas femeninas chupícuaro del periodo preclásico tardío se caracterizan por sus marcados atributos físicos femeninos y la decoración geométrica en blanco, que, probablemente, representa pinturas corporales; se trata de una de las muestras más importantes de la precoz evolución cultural de las regiones del Occidente de México (Musée du Quai Branly, París).

113 a la derecha - Este guerrero armado con una maza es un producto de la cultura de las tumbas de pozo, en el periodo preclásico tardío. El collar y los numerosos pendientes del personaje lo caracterizan como persona de alto rango (MNA, Ciudad de México).

Aunque plenamente mesoamericanas a lo largo de toda su historia, las regiones del oeste de México, que coinciden con una parte de los actuales estados de Sinaloa, Nayarit, Jalisco, Colima, Michoacán, Guanajuato y Zacatecas, fueron testigo del desarrollo milenario de culturas caracterizadas tanto por una notable especificidad local como por las continuas e intensas relaciones con las regiones del norte de México, además de las que ya mantenían con la zona septentrional de los Andes y que todavía no son bien conocidas. Desde el preclásico tardío (1500 a.C.), gracias a la riqueza de los ecosistemas locales, se desarrollaron en el oeste tradiciones culturales de agricultores, entre las que destacaron las de El Opeño (Michoacán) y Capacha (Colima y Jalisco). La tradición de El Opeño es conocida sobre todo por las tumbas de cámara, a la que se accede por un vestíbulo con escalera, un estilo que parece anticipar las más modernas y célebres tumbas de pozo del oeste. Aunque el conocimiento arqueológico de las regiones occidentales hasta

el siglo IV a. de C. se limita esencialmente a las tumbas, sus características permiten suponer que, al igual que sucediera en el resto de Mesoamérica, entre el preclásico tardío y el preclásico medio se iniciaron en estas regiones procesos de jerarquización social que se reflejan, precisamente, en los ricos ajuares funerarios. Al parecer, a partir del siglo IV a. de C., los fenómenos de gradación social recibieron un fuerte impulso. Mientras en una vasta zona del noroeste de México florecía la tradición Chupícuaro, originada en Michoacán y Guanajuato y conocida, sobre todo, por sus célebres estatuillas de terracota con motivos geométricos en rojo, negro y blanco, en las regiones de Nayarit, Colima y Jalisco se bosquejaban las características de la tradición de las tumbas de pozo. Estas sepulturas, formadas por varias cámaras subterráneas a las que se accede por un pozo vertical que, a veces, supera los diez metros de profundidad, contienen figuras de cerámica de extraordinaria belleza que han sido, al mismo tiempo, la suerte y la desgracia

EL OCCIDENTE MEXICANO

LOS AZTECAS TESOROS DE LAS GRANDES CIVILIZACIONES

114 - Entre las obras más famosas
de la cultura de las tumbas de pozo
están las figuras de los perros
mexicanos sin pelo, realizadas
en el actual estado de Colima y
relacionadas con el estilo Comala
(MNA, Ciudad de México).

115 a la izquierda - Botella de estilo
Comala (Colima), de la cultura de
las tumbas de pozo, representa un
perro que lleva en la boca una
mazorca de maíz, quizás utilizada
para libaciones de carácter ritual
(MNA, Ciudad de México).

115 a la derecha - Esta botella-
papagayo, de estilo Comala, estaba
en el ajuar funerario de una de las
tumbas de pozo (Museo de Arte de
Carolina del Norte, Raleigh, EE.UU.).

de la arqueología occidental. La gran mayoría de esas figuras, hoy en museos y colecciones privadas de todo el mundo, se conocen, de hecho, a causa del trabajo de los saqueadores; por tanto, el conocimiento detallado de las cerámicas, subdivididas por los especialistas en una compleja variedad de estilos, no se corresponde con un conocimiento análogo de las modalidades funerarias ni de otros aspectos de la cultura del occidente mexicano, cuyos yacimientos arqueológicos han quedado arruinados por décadas de excavaciones clandestinas. Entre las más célebres estatuillas de terracota de la región se cuentan las de Colima, y muy especialmente las representaciones de perros regordetes y carentes de pelo. Son excepcionales también las figuras antropomorfas del estado de Jalisco, a menudo monocromas y caracterizadas por su extraordinaria «monumentalidad», mientras que las de los territorios de Nayarit, por lo general menos refinadas desde el punto de vista formal, suelen mostrar complejas decoraciones pintadas. Las esculturas presentan una amplia gama de asuntos y personajes tales como guerreros, chamanes y jugadores de pelota, así como también complejos grupos de individuos reunidos en el interior de habitaciones. Aunque a menudo han sido interpretadas como representaciones de la vida cotidiana, es más probable que se trate de imágenes estereotipadas de tipos sociales y de rituales y mitos asociados con el culto a los antepasados.

A partir del siglo III, coincidiendo con la decadencia de la tradición de las tumbas de pozo, se consolidó en las regiones de Jalisco la tradición Teuchitlán, caracterizada por los llamados *guachimontones*, complejos residenciales para las elites, de forma circular, compuestos por un montículo central de carácter ritual rodeado por un área pública y un terraplén concéntrico en el que se encontraban las viviendas. Los asentamientos más grandes estaban formados por varios *guachimontones*, como el de la propia Teuchitlán (Jalisco), que entre los siglos V y IX controlaba una gran área entre Nayarit, Michoacán, Colima y Zacatecas.

117 A LA IZQUIERDA - LOS TEJADOS DE
LAS VIVIENDAS, DE MATERIALES
PERECEDEROS, SON TÍPICOS DE LOS
MODELOS ARQUITECTÓNICOS DEL ESTILO
IXTLÁN DEL RÍO. LAS REPRODUCCIONES
DE TERRACOTA MUESTRAN SU FORMA,
SUS ELEMENTOS CARACTERÍSTICOS Y
SUS PINTURAS DECORATIVAS (MNA,
CIUDAD DE MÉXICO).

117 A LA DERECHA - MUCHAS DE LAS
FIGURAS DE TERRACOTA DEL OESTE
DE MÉXICO REPRESENTAN PERSONAS
DEDICADAS A ACTIVIDADES DOMÉSTICAS,
COMO ESTA MUJER QUE DESGRANA UNA
MAZORCA DE MAÍZ, DE ESTILO IXTLÁN
DEL RÍO, PROCEDENTE DE LA REGIÓN DE
NAYARIT (MNA, CIUDAD DE MÉXICO).

116 - LAS FIGURILLAS ANTROPOMORFAS
DE ESTILO COMALA TARDÍO SUELEN
PRESENTAR UNA ELABORADA
VESTIMENTA, COMO ES EL CASO DE
ESTE GUERRERO ARMADO CON LANZA
Y EL TÍPICO CASCO CON BABERA,
PERTENECIENTE A LA CULTURA DE LAS
TUMBAS DE POZO Y QUE DATA DEL
PERIODO CLÁSICO TEMPRANO (MNA,
CIUDAD DE MÉXICO).

118 A LA IZQUIERDA - En esta figurilla de estilo Lagunillas, de Nayarit (cultura de las tumbas de pozo), se puede observar a un guerrero armado con un escudo y adornado con complicadas pinturas corporales y faciales (MNA, Ciudad de México).

118 A LA DERECHA - Figura de terracota de estilo Ameca Gris, perteneciente a la cultura de las tumbas en pozo de la región de Jalisco. Representa una mujer con el cráneo deformado que amamanta a un bebé tendido sobre sus brazos (Museum of Fine Arts, Houston, EE.UU.).

119 A LA IZQUIERDA - ENTRE
LAS FIGURAS DE ESTILO
COMALA (COLIMA) APARECEN
HOMBRES DEDICADOS A
ACTIVIDADES CHAMÁNICAS,
COMO TOCAR TAMBORES Y
CAPARAZONES DE TORTUGA.
UN DISTINTIVO ES EL GORRO
«CORNUDO» DE CONCHAS
(MUSEUM OF FINE ARTS,
HOUSTON, TEXAS, EE.UU.).

119 A LA DERECHA - UNO
DE LOS ELEMENTOS MÁS
CARACTERÍSTICOS DE LAS
FIGURAS FEMENINAS DEL
ESTILO AMECA-ETZATLÁN DE
JALISCO (CULTURA DE LAS
TUMBAS DE POZO) SON LAS
REFINADAS PINTURAS
CORPORALES QUE ADORNAN
LOS PECHOS DE LAS MUJERES
(MNA, CIUDAD DE MÉXICO).

En la época de decadencia del preclásico, la frontera septentrional de Mesoamérica seguía la franja costera de Sinaloa y Nayarit, subía luego por la cuenca del río Lerma, en el norte de Jalisco, y se adentraba en la región del Bajío, para continuar después hacia el este por el estado de Hidalgo y alcanzar la costa del golfo a la altura del río Pánuco, en Tamaulipas. Al norte se extendía la *chichimecatlalli* («tierra de los linajes del perro»), el vasto y desconocido territorio desértico dominado por belicosos grupos nómadas. A partir del comienzo de la era cristiana, sin embargo, una serie de migraciones en dirección norte desplazó la frontera septentrional de Mesoamérica varios cientos de kilómetros: así nació una nueva área cultural conocida como Mesoamérica septentrional. Aquellas migraciones se originaron principalmente en dos áreas: por un lado, los pueblos del golfo de México se desplazaron hacia las zonas orientales de la sierra de Tamaulipas, la meseta del río Verde (San Luis Potosí) y la sierra Gorda de Querétaro, y, por otro, pueblos procedentes del oeste de México ocuparon la zona centro-occidental, incluidos los valles meridionales de Querétaro, Guanajuato, el altiplano de Potosí y las tierras de Zacatecas y Durango. Las primeras migraciones al área oriental se remontan al año 250, cuando pueblos originarios del golfo se adentraron en la meseta del río Verde, donde fundaron grandes asentamientos monumentales dotados de templos y canchas de juego, en los que son evidentes tanto la influencia de Teotihuacán como las relaciones comerciales con las regiones del Mississippi, en el sureste de Estados Unidos. Aún más imponentes son asentamientos como Ranas y Toluquilla, que los nuevos inmigrantes fundaron en la sierra Gorda de Querétaro, rica en yacimientos de cinabrio; los recién llegados trajeron consigo elementos de claro origen veracruzano, como el complejo de esculturas asociadas al juego de pelota y conocidas con los nombres de yugos, palmas y hachas. La zona central de Mesoamérica septentrional, correspondiente a los territorios occidentales de Querétaro y Guanajuato, fue la primera en ser colonizada; desde 350 a. de C. se desarrolló allí la tradición Chupícuaro, que se mantuvo hasta el año 350. En los siglos siguientes florecieron en aquella región asentamientos caracterizados por la asociación de pirámides y patios semienterrados, así como por la presencia de elementos teotihuacanos y guachimontones, que traslucen el origen occidental de los colonos. Al área central pertenece también el árido altiplano de Potosí, conocido como Tunal Grande por la gran abundancia de tunas o nopales; la región fue más tarde escenario de una continua interacción entre los grupos de agricultores, que se desplazaron entre los años 600 y 900, y los nómadas que, desde hacía milenios, la frecuentaban por su riqueza en recursos vegetales.

El más importante de los nuevos movimientos de colonización fue el que tuvo como protagonistas a los herederos de la cultura de Chupícuaro, que, al comienzo de la era cristiana, fueron a ocupar las regiones orientales de Jalisco y las occidentales de Zacatecas y, en el siglo V, se desplazaron hacia la cordillera de Durango. Aquéllas fueron las tierras donde se desarrolló la cultura Chalchihuites, la más importante de Mesoamérica septentrional. El alto grado de desarrollo de aquella área cultural, compuesta probablemente por pueblos lingüísticamente heterogéneos y a menudo en conflicto, es plenamente apreciable en los grandes sitios arqueológicos de la región. A la primera fase de la colonización corresponden lugares como Cerro del Huistle (Jalisco) y Alta Vista (Zacatecas), dotados ambos de una estructura defensiva que denuncia el carácter belicoso del mundo en el que vivían aquellos pueblos, constantemente expuestos a las incursiones de los grupos nómadas. Más tarde, durante el siglo VI, los chalchihuetes se desplazaron hacia la sierra de Durango, donde fundaron lugares como Hervideros, y comenzaron a mantener relaciones con el suroeste de Estados Unidos, probablemente dirigidas a la obtención de turquesas; tales contactos están atestiguados por la difusión de los motivos mítico-religiosos típicos de las lejanas regiones del norte.

120 - FIGURA ANTROPOMORFA DE UN HOMBRE SENTADO, PERTENECIENTE A LA CULTURA DE CHALCHIHUITES. FUE ENCONTRADA CERCA DE UN ALTAR EN EL YACIMIENTO DE CERRO MOCTEZUMA (ZACATECAS), Y PODRÍA TRATARSE DE LA REPRESENTACIÓN DE UN ANTEPASADO (MNA, CIUDAD DE MÉXICO).

121 - VASIJA TRÍPODE PROCEDENTE DEL YACIMIENTO DE LA FERRERÍA (DURANGO) CON LA IMAGEN DE UN GUERRERO QUE RECUERDA EL ESTILO PICTÓRICO DE LOS CÓDICES. CULTURA DE AZTATLÁN, EN EL POSCLÁSICO TEMPRANO (MNA, CIUDAD DE MÉXICO).

El asentamiento más extraordinario de la cultura Chalchi-huites fue, ciertamente, La Quemada (Zacatecas), cuyo centro monumental está formado por una imponente acrópolis, can-chas de juego y una célebre pirámide. El edificio principal de La Quemada era una amplia sala de columnas que, según parece, es el origen de aquellas otras salas semejantes que tan comunes llegaron a ser en la Mesoamérica posclásica y que se ven en sitios tan lejanos como Tula o Chichén Itzá. La presen-cia en los yacimientos chalchihuetes, ya en el periodo clásico, de tales salas hipóstilas, de las esculturas como el Chac Mool y los *tzompantli* para colgar cráneos de los enemigos sacrifi-cados parecen dar testimonio de que fue en estas regiones, permanentemente inmersas en conflictos militares con los nómadas, donde se desarrolló el sistema ideológico que, des-pués del año 900, se extendió por toda Mesoamérica, centra-do en la guerra santa, la exaltación del orden militar y los

sacrificios humanos masivos. Cuando, hacia 850, se inició un extenso fenómeno de «migraciones de retorno» hacia el sur, estos elementos terminaron por fusionarse con otros tradicionalmente mesoamericanos, uno de los cuales era el culto a la Serpiente Emplumada, para formar lo que se ha definido como «el modelo zuyuano», un sistema ideológico que, poco tiempo después, ya había logrado extenderse por toda Mesoamérica coincidiendo con el apogeo del estado tolteca, a cuya fundación contribuyeron asimismo otros pueblos procedentes del norte.

En cualquier caso, el fin de las culturas de Mesoamérica septentrional no fue inmediato ni se produjo de manera homogénea. El Gran Tunal y una gran parte de los territorios de Zacatecas regresaron a manos de los nómadas a partir del año 900; el área oriental fue abandonada alrededor de 1100 y, en la sierra de Durango, la cultura Chalchihuites se prolongó hasta 1350. La zona central nunca fue abandonada y, hacia el año 1000, entró de lleno en la órbita del estado tolteca.

Probablemente, los desplazamientos de los chalchihuites hacia el oeste contribuyeron al nacimiento, durante el siglo IX, de un nuevo complejo cultural en la costa pacífica de Nayarit y Sinaloa: Aztatlán.

Este conjunto, que se extendió por una gran parte del occidente mexicano, se caracterizó por la proliferación de entidades políticas independientes unidas por una vasta red comercial centrada en las turquesas y el cobre, que, a través de puntos intermedios como Paquimé (Chihuahua), llegaba hasta las tierras del suroeste de Estados Unidos. Aquel sistema comercial sobrevivió también a la desaparición del complejo Aztatlán, en el siglo XIII, cuando la ciudad de Culiacán (Sinaloa) se convirtió en el principal centro urbano de la costa occidental, papel que desempeñó también durante la primera época colonial.

Después del siglo XII, las regiones del oeste de México fueron el escenario del gran desarrollo de la cultura tarasca o purépecha, centrada en los territorios del actual estado de Michoacán y, en particular, en la región del lago de Pátzcuaro, donde se instalaron grupos de origen chichimeca que, tras numerosas luchas internas, alumbraron una potente confederación política gobernada desde las tres capitales de Pátzcuaro, Tzintzuntzán e Ihuatzio.

Los tarascas se hicieron famosos por su poderío militar, que les permitió resistir a los ejércitos aztecas; sin embargo, son también recordados por su habilidad para la metalurgia, actividad en la que el oeste se mantuvo a la vanguardia de las demás regiones de Mesoamérica.

122-123 - El yacimiento de La Quemada (Zacatecas) funcionó como principal santuario regional de la cultura de Chalchihuites, dedicado, probablemente, al culto de la guerra santa. Entre sus edificios destaca la pirámide troncocónica, en la parte baja del yacimiento.

123 arriba - La parte alta de La Quemada está constituida por la acrópolis, un conjunto de edificios de carácter ceremonial alrededor de los cuales se extendían las áreas residenciales.

123 abajo - La sala hipóstila de La Quemada, que probablemente servía para celebrar grandes asambleas de guerreros.

ARIDAMÉRICA, TIERRA DE NÓMADAS

Los grandes desiertos del México septentrional, al norte de la fluctuante frontera mesoamericana, constituyeron siempre un área cultural que los especialistas actuales llaman Aridamérica. El clima seco de aquellas vastas extensiones desérticas atravesadas por imponentes cadenas montañosas nunca permitió el desarrollo de la agricultura, y, hasta la época de la conquista, fue el territorio de grupos nómadas de cazadores recolectores, los teochichimecas o «auténticos chichimecas». Organizados en pequeñas bandas móviles y belicosas, aquellos nómadas supieron aprovechar los escasos recursos de los desiertos y basaron su subsistencia en la recolección de plantas silvestres y la caza de pequeños mamíferos. Esta estrategia fue puesta a punto en 5000 a. de C. por la cultura del desierto, que se extendía por el norte de México septentrional y el sur de Estados Unidos. La extraordinaria capacidad de aquellos nómadas para sobrevivir incluso en territorios casi totalmente carentes de agua y de recursos, bebiendo el líquido almacenado en los cactus y soportando largos periodos de malnutrición, sorprendió y exasperó a los europeos que llegaron a la región en el siglo XVI.

Las principales huellas arqueológicas de aquellos grupos nómadas, abundantes sobre todo en las regiones montañosas

de la sierra Madre Occidental, consisten en restos de asentamientos temporales, sepulturas en grutas y, sobre todo, grandes complejos de arte rupestre, entre los que destacan por su belleza y complejidad los del desierto de Querétaro, el área de Cuatro Ciénagas (Coahuila) y la península de Baja California; esta última es una de las más importantes del mundo por la riqueza de su patrimonio rupestre. Los escasos restos arqueológicos indican que aquellos grupos practicaron rituales chamánicos, lo que queda atestiguado no sólo por

algunas escenas pintadas, sino también por la constatada existencia de una compleja parafernalia compuesta por capas hechas con cabello humano, altares ceremoniales y bastones de plumas.

El yacimiento arqueológico más rico de los encontrados hasta ahora es quizá el conjunto de sepulturas de la cueva de la Candelaria (Coahuila), que data de los siglos XI al XVI; allí se han encontrado numerosos cuerpos envueltos en esteras y tejidos de fibras multicolores, así como cuchillos de piedra con mango de madera, cestos, pulseras de vértebras de serpiente, adornos para las orejas, hechos de concha, llamados «flores», bolsas de fibra, cunas y un gorro con dos astas de ciervo, tal vez usado en rituales de caza. Gran parte de estos grupos nómadas fueron exterminados entre los siglos XVI y XVIII por los europeos que les disputaban las tierras para la ganadería, así como también por otros grupos indígenas, como los apaches y los comanches, que efectuaban incursiones desde las regiones septentrionales.

124-125 - LAS PINTURAS RUPESTRES DE LA TRADICIÓN GRAN MURAL DE LA SIERRA DE SAN FRANCISCO (BAJA CALIFORNIA) SON UNA DE LAS PRINCIPALES MANIFESTACIONES ARTÍSTICAS DE LA PREHISTORIA DEL CONTINENTE AMERICANO. MUCHAS DE LAS PINTURAS REPRESENTAN ANIMALES CARACTERÍSTICOS DE LA REGIÓN, COMO LOS CÉRVIDOS.

125 A LA IZQUIERDA - LAS PINTURAS DE LA CUEVA DE LAS FLECHAS (BAJA CALIFORNIA) INCLUYEN TANTO IMÁGENES DE CÉRVIDOS COMO LAS TÍPICAS FIGURAS ANTROPOMORFAS DE CUERPO BICOLOR, PROBABLEMENTE REPRESENTACIONES DE CHAMANES DURANTE LA CELEBRACIÓN DE ACTOS RITUALES.

125 A LA DERECHA - EL CLIMA ÁRIDO DEL NORTE DE MÉXICO HA FAVORECIDO LA EXCEPCIONAL CONSERVACIÓN DE LOS AJUARES FUNERARIOS DE LA CUEVA DE LA CANDELARIA (COAHUILA). EL CUCHILLO DE SÍLEX (ARRIBA) AÚN CONSERVA EL MANGO DE MADERA ORIGINAL, Y EL CRÁNEO HUMANO (ABAJO) ESTÁ ADORNADO CON UN TURBANTE DE CUERDAS DEL QUE CUELGAN UNOS ADORNOS DE CONCHA LLAMADOS «FLORES» (MNA, CIUDAD DE MÉXICO).

LOS HOHOKAM

Desde los primeros siglos de la era cristiana, la zona del suroeste de Estados Unidos y algunas regiones adyacentes de México septentrional, que los arqueólogos llaman Oasisamérica, contemplaron el desarrollo de grupos de agricultores divididos en cuatro tradiciones culturales llamadas hohokam, anasazi, mogollón y paquimé.

Los hohokam ocuparon el desierto de Sonora, en el sur de Arizona, y una parte del desierto de Chihuahua, en el estado mexicano homónimo. En esas regiones, y sobre todo en la cuenca del río Gila, cerca de la actual ciudad de Phoenix (Arizona), donde existen casi 600 km de antiguas acequias, los

hohokam consiguieron cultivar plantas de origen mesoamericano, como el maíz, la judía y la calabaza, alimentos que constituían la base de una dieta a la que se sumaban muchos productos de la caza y de la recolección. Entre las culturas del suroeste, la de los hohokam es la que más recuerda las culturas agrícolas mesoamericanas, como demuestra la estructura de los principales asentamientos, como Snaketown (Arizona), un gran pueblo con las casas dispuestas alrededor de patios que llegó a albergar a 1200 personas. Asimismo, entre los años 700 y 1100 se difundió por la región la práctica mesoamericana del juego de pelota, de lo que dan testimonio las más de 200 canchas encontradas en los pueblos de las áreas de Tucson y Phoenix. De allí proceden también elegantes cerámicas con decoraciones geométricas, conchas grabadas con jugo de cactus fermentado, figurillas de terracota y pequeñas esculturas de madera y piedra. En aquella época, muchos productos eran objeto de comercio con los vecinos anasazi del cañón del Chaco y con el área mexicana de Sonora, donde, por la misma época, se desarrolló la tradición Trincheras, que perduró hasta el final del periodo prehispánico.

Alrededor de 1100, grandes cambios afectaron a la sociedad hohokam, que experimentó un crecimiento demográfico, quizá debido a los anasazi que huían del cañón del Chaco, donde una persistente sequía provocó el colapso del sistema

político local. Algunos elementos hasta entonces típicos de la cultura hohokam, como las canchas de juego, dejaron de existir, pero se inició la construcción de montículos de tierra batida, sobre cuyas cimas se elevaron templos, en torno a los cuales se agrupaban las viviendas. A partir del siglo XIII, sin embargo, en los montículos no se levantaron templos, sino viviendas para las elites; así sucedió en el monumento nacional de las ruinas de Casa Grande (Arizona), una muestra del progresivo incremento de la jerarquización social. Aún no está claro cuál fue el destino final de los hohokam: en el siglo XVI, sus asentamientos ya estaban en ruinas, y es posible que poblaciones históricas como los o'odham hayan recogido su herencia biológica y cultural.

126 - EL MOMENTO DE MÁXIMO ESPLENDOR DE LA CULTURA HOHOKAM LO SEÑALA LA PRODUCCIÓN DE LA CERÁMICA PINTADA DE ROJO SOBRE FONDO BAYO (SIGLOS X A XII), CARACTERIZADA POR REFINADOS MOTIVOS DECORATIVOS, COMO LA HILERA DE PERSONAJES PINTADA EN UNA VASIJA QUE PROCEDE DEL YACIMIENTO DE SNAKETOWN (ARIZONA STATE MUSEUM, TUCSON, EE.UU.).

126-127 - EL GRAN CENTRO DE PAQUIMÉ (CHIHUAHUA), CUYOS EDIFICIOS ESTÁN CONSTRUIDOS CON ADOBES, VIVIÓ UN PERIODO DE FLORECIMIENTO LIGADO AL COMERCIO EN EL TRANSCURSO DEL SIGLO XIV.

127 ARRIBA - FRAGMENTO DE CERÁMICA HOHOKAM ROJO SOBRE BAYO, CON LA REPRESENTACIÓN DE UN AVE (ARIZONA STATE MUSEUM, TUCSON, EE.UU.).

127 ABAJO - LA DECORACIÓN GEOMÉTRICA ROJO SOBRE BAYO ES CARACTERÍSTICA DE LA CERÁMICA DEL ÁREA CULTURAL HOHOKAM Y RECUERDA A MENUDO LOS MOTIVOS TÍPICOS DE LA CESTERÍA, ACTIVIDAD QUE ESTUVO AMPLIAMENTE DESARROLLADA ENTRE LAS CULTURAS DEL SUROESTE DE ESTADOS UNIDOS (ARIZONA STATE MUSEUM, TUCSON, EE.UU.).

EL ÁREA MOGOLLÓN

La tradición cultural mogollón se desarrolló entre el sur de Nuevo México (EE. UU.) y el norte de Chihuahua (México), en los montes Mogollón. Durante gran parte del primer milenio florecieron en aquella región pequeños asentamientos de casas semisubterráneas, cuyos habitantes vivían del cultivo del maíz y de los productos de la caza, como ciervos, ovejas de monte, conejos y ardillas. Después del año 900, quizá a causa de la inmigración de grupos anasazi que huían de sus tierras de origen, los mogollón comenzaron a construir casas rectangulares semejantes a las pueblo y a producir piezas de loza más parecidas a las de los anasazi: entre éstas destacan las cerámicas Mimbres, decoradas con elegantes figuras de animales y personas trazadas en negro sobre fondo blanco, que merecen ser incluidas entre las obras maestras del arte nativo americano.

128-129 - Los edificios alojados en las cavidades naturales a lo largo del río Gila testimonian el tipo de vida de los mogollón.

129 arriba - En las Cliff Dwellings de Gila vivían de 10 a 15 familias y estuvieron habitadas a finales del siglo XIII y principios del XIV.

129 abajo a la izquierda - Cuenco Mimbres (cultura mogollón), con la representación de dos personas. El agujero que hay en el fondo del cuenco significa la «muerte ritual» del vaso, previa a su uso como ofrenda funeraria (Museo de Antropología, Albuquerque, EE. UU.).

129 abajo a la derecha - Cuenco mogollón decorado con motivos geométricos (MNA, Ciudad de México).

También el área mogollón, como la hohokam y la anasazi, padeció una profunda crisis hacia el año 1150; parte de su población se desplazó hacia los cañones de Arizona ocupados por los anasazi y hacia el norte de Chihuahua, donde contribuyó al florecimiento de Paquimé, cuya intensa influencia se dejó sentir, a partir del año 1250, en las regiones mogollón que no fueron abandonadas durante la crisis del siglo XII.

PAQUIMÉ

La región del valle de Casas Grandes (Chihuahua) fue ocupada por pueblos muy semejantes a los mogollón, que vivían en pequeños asentamientos agrícolas. Alrededor de 1250, una gran parte de la población de la zona se concentró en Paquimé, lugar que, a principios del siglo XIV, fue completamente reconstruido y ampliado; se calcula que en sus edificios de varios pisos vivían más de 2.000 personas. Desde sus primeras fases, Paquimé funcionó como un importante núcleo comercial en la red que comunicaba Mesoamérica con otras regiones del Suroeste: prueba de ello son las hileras de jaulas para los papagayos tropicales que sus habitantes importaban de Mesoamérica para venderlos luego en las áreas mogollón y anasazi, así como las turquesas, que seguían el camino opuesto. También la típica y elegante cerámica policroma local, el cobre y las conchas eran objetos importantes de comercio en Paquimé, sin duda el asentamiento más grande y rico que hubo en el Gran Norte.

130 - ENTRE LOS PRODUCTOS MÁS TÍPICOS DE LA CULTURA CASAS GRANDES ESTÁ LA CERÁMICA DECORADA CON MOTIVOS LINEALES, COMO LOS DE ESTA JARRA ZOOMORFA (A LA DERECHA) Y ESTA VASIJA ANTROPOMORFA (A LA IZQUIERDA) CON PINTURAS CORPORALES Y UN PÁJARO EN EL PECHO (MNA, CIUDAD DE MÉXICO).

130-131 - EL FLORECIMIENTO DE PAQUIMÉ ENTRE LOS SIGLOS XIII Y XV SE DEBIÓ PRINCIPALMENTE A SU FUNCIÓN DE NUDO COMERCIAL.

El área ocupada por los anasazi se extendía al norte de los territorios hohokam y mogollón, alrededor del lugar hoy conocido como *Four Corners* («cuatro esquinas»), donde coinciden los estados de Utah, Colorado, Nuevo México y Arizona, en Estados Unidos. Su principal centro cultural se hallaba en la meseta de Colorado, atravesada por el cañón en cuyo fondo construyeron los anasazi sus célebres asentamientos adosados a las paredes rocosas. Hacia el siglo IV co-menzaron a cultivar maíz, judías y calabazas, que, como los hohokam, complementaban con los productos de la caza y la recolección. Es probable que, hasta el siglo VIII, los grupos humanos de la meseta llevaran una vida seminómada, moviéndose entre pueblos estacionales, como Shabik'eschee, en el cañón del Chaco, y que más tarde comenzara la funda-ción de grandes asentamientos permanentes formados por edificios situados en arco alrededor de la *kiva*, un espacio

semisubterráneo destinado al desarrollo de prácticas rituales. Entre los siglos X y XII, en un momento de bonanza climática, los anasazi extendieron considerablemente su territorio, y áreas como el cañón del Chaco vivieron un momento de extraordinario florecimiento cultural. En el cañón del Chaco se edificaron muchos centros urbanos, rodeados de aldeas más pequeñas que formaban un sistema jerarquizado de asentamientos.

Centros urbanos grandes como Pueblo Bonito, Chetro Ketl y Pueblo del Arroyo, con edificios de piedra de cuatro o cinco pisos, son una clara demostración de la complejidad cultural alcanzada durante el florecimiento de lo que se ha dado en llamar «fenómeno del Chaco»; en aquella época, las

132 ARRIBA - EL PUEBLO DEL ARROYO, EN EL CAÑÓN DEL CHACO, CON RECINTOS SEMISUBTERRÁNEOS DE FORMA CIRCULAR.

132 ABAJO - EL CENTRO URBANO DE KLIN KETSO, FORMADO POR MÁS DE 100 HABITACIONES.

132-133 Y 134-135 - LAS RUINAS DE PUEBLO BONITO ATESTIGUAN EL AUGE ALCANZADO POR LOS ANASAZI DEL CAÑÓN DEL CHACO.

133 - EN EL CAÑÓN DEL CHACO DESTACA EL CENTRO DE CHETRO KETL, CON MÁS DE 500 VIVIENDAS.

decenas de asentamientos permanecían unidos por una densa red de caminos que cubría unos 2.400 km y llegaba incluso hasta los pueblos que quedaban fuera del cañón propiamente hablando, como Aztec y Salmon Ruin (Nuevo México). Entre los elementos más notables de la producción artesanal de los anasazi destacan los objetos de cestería y las cerámicas pintadas con motivos geométricos de extraordinaria elegancia.

El esplendor del fenómeno del Chaco terminó hacia 1150, cuando se interrumpió la construcción de los centros urbanos y muchas regiones anasazi fueron abandonadas por grupos humanos que se desplazaron hacia el área de Mesa Verde, los cañones de Arizona y los territorios hohokam y mogollón. Es probable que la causa del colapso del sistema del Chaco haya que buscarla en la combinación de un periodo de severa sequía con la gran deforestación provocada

por las construcciones urbanas: se calcula que sólo en el cañón se utilizaron más de 250.000 troncos de pino para la construcción de edificios monumentales.

A pesar de la crisis del siglo XII, en os cañones de Arizona (Chelly, Tsegi y Del Muerto) la cultura anasazi se prolongó hasta 1300 con el periodo llamado *Big House*. Asentamientos espectaculares como Cliff Palace (Colorado), Kiet Siel y Betatakin (Arizona) fueron ocupados por poblaciones mucho más densas que las de las fases precedentes, y parece que el alcance de las vías comerciales se redujo notablemente. Hacia 1300, una gran parte de los asentamientos anasazi del altiplano fueron abandonados de nuevo por causas aún no bien conocidas, pero, al parecer, relacionadas con un periodo de sequía que se extendió entre 1276 y 1299. En aquellos tiempos, grandes masas de población volvieron a desplazarse hacia los territorios de sus veciros hohokam y mogollón, y también hacia las tierras anasazi, las menos afectadas por la sequía. Se cree que los movimientos de población producidos al final del siglo XIII dieron lugar a una mezcla entre los grupos anasazi, hohokam y mogollón que habría alumbrado, gracias también a los continuos contactos con Paquimé, una tradición cultural de nuevo cuño caracterizaca, por ejemplo, por las famosas ceremonias *katchina*. Los herederos de ese nuevo horizonte cultural nacido de los rescoldos de tradiciones más antiguas serían los o'odham, los pueblo, los hopi y los zuñi, es decir, los célebres pueblos históricos del Suroeste de Estados Unidos.

136 ARRIBA - AL IGUAL QUE LOS OTROS ASENTAMIENTOS RUPESTRES DEL SUROESTE, CLIFF PALACE, EN MESA VERDE (COLORADO), FUE OCUPADO DESPUÉS DE QUE UNA PROFUNDA CRISIS MEDIOAMBIENTAL Y POLÍTICA PUSIERA FIN AL ESPLENDOR DE LOS ASENTAMIENTOS ANASAZI DEL CAÑÓN DEL CHACO.

136 ABAJO - LA CERÁMICA ANASAZI SE CARACTERIZA POR EL USO DE REFINADOS MOTIVOS GEOMÉTRICOS Y DE FIGURAS ANTROPOMORFAS ESTILIZADAS, COMO SE VE EN ESTAS PIEZAS KAYENTA NEGRO SOBRE BLANCO (ARIZONA STATE MUSEUM, TUCSON, EE.UU.).

137 - CLIFF PALACE, EN MESA VERDE, CON 200 HABITACIONES Y 20 KIVAS, ES EL ASENTAMIENTO RUPESTRE ANASAZI MÁS GRANDE Y ESPECTACULAR DEL SUROESTE DE ESTADOS UNIDOS. SU CONSTRUCCIÓN OCUPÓ UN BREVE LAPSO DE TIEMPO EN EL TRANSCURSO DEL SIGLO XII.

LOS AZTECAS

Los chichimecas
pág. 140

La migración mexica
pág. 144

Los códices
pág. 150

Los calendarios
pág. 158

El nacimiento de la
Triple Alianza
pág. 162

La sociedad azteca
pág. 164

Ceremonias religiosas y juegos rituales
pág. 168

La estructura política
del imperio
pág.170

La primera expansión imperial
pág. 172

La guerra
pág. 173

Los sacrificios humanos
pág. 176

Los reinados de Axayácatl y Tizoc
pág. 180

El Templo Mayor de México-Tenochtitlán
pág. 182

La religión azteca
pág. 186

El apogeo del imperio azteca
pág. 194

El mercado de Tlatelolco y los pochteca
pág. 196

La conquista
pág. 198

LOS CHICHIMECAS

El desplazamiento de grupos de chichimecas, nómadas o sedentarios, hacia las tierras de México central ya había comenzado en las postrimerías del periodo clásico. Precisamente a las aportaciones de esos grupos del norte se debe una buena parte del desarrollo cultural y político del estado tolteca durante el posclásico temprano (900-1250); en efecto, a los elementos de la antigua tradición mesoamericana, como el culto a la Serpiente Emplumada, se añadieron otros de origen chichimeca, como el concepto de guerra santa, conducida por la clase de los guerreros; éstos se reunían en grandes salas hipóstilas y proporcionaban los prisioneros para los sacrificios humanos masivos, práctica a la que estaban asociados los altares de cráneos (*tzompantli*) y las estatuas llamadas Chac Mool. La caída del estado tolteca, a mediados del siglo XIII, volvió a abrir las puertas a posteriores migraciones de grupos chichimecas (muchos de los cuales, en realidad, eran agricultores sedentarios), que fueron a instalarse en el valle de México, en la región de Puebla-Tlaxcala y en algunas zonas de Oaxaca, mezclándose con la población local y fundando nuevas ciudades. El recuerdo de estas migraciones aún estaba vivo entre las poblaciones de México en el momento de la llegada de los españoles, hasta el punto de que la mayor parte de la información sobre los grupos chichimecas y el proceso de «mesoamericanización» que habían vivido procede de obras escritas por españoles o por los propios indígenas de las grandes ciudades de México central, todavía orgullosos de su «pasado chichimeca». Asimismo, obras pictográficas coloniales, como el códice Xólotl, constituyen preciosas fuentes de información sobre la historia remota de los chichimecas.

Como sucede a menudo en las obras indígenas, en esos documentos los hechos históricos se fusionan inextricablemente con elementos míticos y, por tanto, es difícil conseguir una versión exenta de contradicciones o incertidumbres. En general, gran parte de los grupos chichimecas afirmaban que Chichimóztoc, «las siete cuevas», era su lugar o de origen, o al menos de tránsito. Se trata de un lugar de origen mítico, de cuyas siete grutas emergieron a la tierra otros tantos grupos humanos que emprendieron una migración hacia el sur. Allí se habrían encontrado con grupos mesoamericanos, como los olmeca-chicalanca y los toltecas, con quienes se habrían mezclado para dar origen a algunas de las grandes ciudades que dominaban el panorama político de México central tras la caída del estado tolteca: por ejemplo Tlaxcala, cerca de Cholula. Las historias recogidas en la época de la conquista narran la fundación de ciudades por diversos grupos chichimecas, la mayor parte de los cuales hablaban náhuatl, la misma lengua de los aztecas: los chichimecas, guiados por el caudillo Xólotl, habrían fundado primero la ciudad de Tenayuca (en 1244), y, más tarde, las grandes ciudades de Coatlinchán y Texcoco, pobladas por grupos llamados acolhua; los tepanecas se habrían establecido en Atzapotzalco en 1230, y un grupo de chichimecas de lengua otomí, en la ciudad de Xaltocán.

Esta gran oleada de fundaciones habría generado un panorama político extremadamente fragmentado, pero culturalmente homogéneo, en el que los nobles de ascendencia tolteca o chichimeca casados con mujeres toltecas dieron inicio a una serie de dinastías que se repartieron el dominio político de la región.

139 - EL HALLAZGO DE LA ESTATUA QUE REPRESENTA A COYOLXAUHQUI HA PERMITIDO SACAR A LA LUZ LOS RESTOS DEL TEMPLO MAYOR AZTECA (MUSEO DEL TEMPLO MAYOR, CIUDAD DE MÉXICO).

140 - LA DOBLE PIRÁMIDE DE TENAYUCA, DE ÉPOCA AZTECA, SE ALZA EN LA PRIMERA CAPITAL CHICHIMECA DEL VALLE DE MÉXICO.

141 - EN EL MAPA TLOTZIN, UN DOCUMENTO HISTÓRICO DE LA PRIMERA ÉPOCA COLONIAL, APARECEN LOS ANTEPASADOS DE LOS ACOLHUA REPRESENTADOS COMO NÓMADAS CHICHIMECAS, VESTIDOS CON PIELES Y ARMADOS CON ARCOS, RECORRIENDO LOS PAISAJES DESÉRTICOS DE MÉXICO SEPTENTRIONAL (BIBLIOTECA NACIONAL, PARÍS).

ỹ zinacmoztoc onpatla cat
ỹ njstlil xochicin

12.

14.

13.

16.

15.

142

El pueblo que hoy conocemos con el impropio nombre de azteca, y al que sería más correcto llamar mexica, era un grupo chichimeca que llegó al valle de México al término de una larga migración procedente del norte; esta narración, preñada de mitos, es conocida por diversos documentos de la primera época colonial entre los que destaca la célebre Tira de la peregrinación o códice Boturini.

Según cuenta la tradición, dicha migración comenzó en el año 1111 en una isla llamada Aztlán, «lugar de las garzas blancas» o «lugar de la blancura». En dicha isla, que, en muchos aspectos, es como una prefiguración de la capital azteca de México-Tenochtitlán, los futuros mexicas vivían bajo el dominio de los aztecas propiamente dichos, es decir, de los habitantes de Aztlán. Hartos de estar sujetos al pago de tributos, partieron bajo la guía de su dios tutelar Huitzlopochtli («colibrí del sur» o «colibrí de la izquierda»); estaban divididos en cuatro *calpultin* o clanes, cada uno de los cuales tenía a su

frente a un líder que portaba el envoltorio sagrado con las reliquias de la divinidad protectora del *calpulli*. El clan más importante era el de los *huitznahuaque*, que tenía como dios protector al propio Huitzilopochtli. Es significativo que, en las fuentes aztecas, exista una ambigüedad frecuente entre la deidad y su «portador terrenal», que, a menudo, es también su homónimo. Así pues, los líderes de la migración eran auténticos hombres-dios, portavoces de los *eixiptla* o «contenedores» del dios tutelar de cada grupo emigrante.

Evidentemente, las primeras etapas de la migración citadas en las fuentes histórica son de carácter mítico y constituyen las fases de una verdadera etnogénesis: los mexicas habrían pasado primero por las siete grutas de Chicomóztoc, el mítico lugar de origen de los chichimecas, y luego por Culhuacán («lugar de los antepasados») y Coatepec («montaña de la serpiente»), lugar éste que, como se verá más adelante, había sido escenario de una importante empresa mítica de su

144 Y 145 - EL BOTURINI ES UN CÓDICE HISTÓRICO PICTOGRÁFICO QUE NARRA LA MIGRACIÓN ORIGINAL DE LOS MEXICAS. LA HISTORIA COMIENZA CON LA PARTIDA DE LA ISLA DE AZTLÁN Y LA LLEGADA A COLHUACÁN, «EL LUGAR DE LOS ANTEPASADOS». IBAN AL FRENTE LOS CUATRO PORTADORES DE LOS ENVOLTORIOS SAGRADOS. UNA DE LAS ETAPAS FUE COATEPEC, LUGAR DE NACIMIENTO DEL DIOS HUITZILOPOCHTLI. LOS MEXICAS SE SEPARARON DE LOS DEMÁS GRUPOS DE VIAJEROS EN EL LUGAR EN EL QUE UN RAYO HABÍA PARTIDO EN DOS UN GRAN ÁRBOL (MNA, CIUDAD DE MÉXICO).

dios protector. En Coatepec, el grupo de viajeros celebró también la primera ceremonia del Fuego Nuevo, que tenía lugar al final de cada ciclo de 52 años. Durante una etapa posterior de la migración, en un lugar donde hallaron un árbol partido en dos, Huitzilopochtli ordenó a sus protegidos que se separasen de los otros grupos con los que viajaban, abandonaran el nombre de aztecas y se llamaran en adelante mexicas, palabra derivada de Mexi, otro nombre del dios tutelar. En la parte final de la migración, las etapas recorridas por los mexicas son fácilmente reconocibles y, con toda probabilidad, de carácter histórico: después de pasar por Tollán (Tula) penetraron en el valle de México y recorrieron numerosos lugares hasta establecerse en Chapultepec («el monte de la langosta»), lugar en el que permanecieron veinte años y que se hallaba en el interior de un área dominada por los colhuas de Colhuacán, considerados descendientes directos de los toltecas de Tollán. Allí, los mexicas eligieron por primera vez un je-

fe único, Huitzilíhuitl («pluma de colibrí»), tal vez para defenderse mejor en los frecuentes enfrentamientos con los grupos vecinos. La convivencia de los recién llegados con la población ya establecida en el valle no fue siempre fácil: por dos veces, los mexicas fueron atacados y vencidos por los colhuas. Después de la segunda derrota, los colhuas les obligaron a establecerse en Tizaapán, donde vivieron sometidos a Colhuacán y participaron en una guerra entre los colhuas y la ciudad de Xochimilco. Cuenta la tradición que, tras la victoria sobre Xochimilco, los mexicas aumentaron su riqueza y su poder, de manera que, en 1323, decidieron pedir una princesa colhua como esposa para su dios. Achitómetl, rey de Colhuacán, aceptó su demanda y les envió una princesa. Los mexicas la sacrificaron y desollaron. Cuando Achitómetl, invitado a la celebración del «matrimonio», vio a un sacerdote vestido con la piel de su hija, desencadenó una guerra que obligó una vez más a los mexicas a continuar su peregrinación por el valle.

146 **A LA DERECHA ARRIBA -** LA FUNDACIÓN DE TENOCHTITLÁN TAL COMO ESTÁ REPRESENTADA EN EL CÓDICE DURÁN, QUE DATA DEL SIGLO XVI. OBSÉRVESE CÓMO EN EL DIBUJO, YA DE ESTILO EUROPEO, SE CONSERVA LA IMAGEN DEL GLIFO DEL NOPAL, Y, SOBRE TODO, DE LA PIEDRA SOBRE LA QUE SE ALZA EL NOPAL (BIBLIOTECA NACIONAL, MADRID).

146 A LA DERECHA ABAJO Y **147 - EL** CÓDICE MENDOZA, ILUSTRADO POR UN PINTOR AZTECA ENTRE 1541 Y 1542, EN SU PRIMERA PÁGINA REPRESENTA LA FUNDACIÓN DE TENOCHTITLÁN. EL ACONTECIMIENTO TUVO LUGAR DONDE LOS MEXICAS VIERON UN ÁGUILA POSADA SOBRE UN NOPAL, COMO HABÍA ANUNCIADO SU DIOS HUITZILOPÓCHTLI (BODLEIAN LIBRARY, OXFORD).

Tras abandonar la órbita política de Colhuacán, los mexicas continuaron su camino errante; finalmente, se establecieron en las islas pantanosas del lago de Texcoco. Allí fue donde vieron un águila posada sobre un nopal, es decir, la señal que Huitzilopochtli les había anunciado. En aquel mismo lugar fundaron, en 1325, México-Tenochtitlán («lugar cerca de la piedra donde abundan los nopales»), que habría de convertirse en un día no muy lejano en la poderosa capital imperial y que, en nuestros días, es una de las ciudades más pobladas del mundo. La escena de la fundación está representada en la célebre primera página del códice Mendoza, una obra pictográfica de la primera época colonial en la que aparece el glifo del águila posada sobre el nopal junto a una representación de Tenoch, que era por aquellos tiempos el comandante de los mexicas.

Aunque ya tenían una capital (hubo un grupo que sólo tardó 13 años en escindirse y partir para fundar una nueva, México-Tlatelolco), los mexicas tuvieron que adaptarse a vivir en un escenario político dominado por potencias mucho más importantes, entre las cuales destacaban los colhuas de Colhuacán, los acolhuas de Coatlichán y Texcoco y, sobre todo, los tepanecas de Atzacapotzalco, a quienes pertenecían las islas donde los mexicas se habían establecido. El creciente poder de los tepanecas se debía, en gran parte, a la habilidad de su soberano, Tezozomoc, que en los años 70 del siglo XIV inició una serie de campañas militares en las que los mexicas participaron como mercenarios.

En 1375 los mexicas pudieron elevar al trono a su primer rey, Acamapichtli («haz de cañas»), que, como hijo de un hombre mexica y una mujer de Colhuacán, podía ostentar el título de *tlatoani* («orador»), reservado para los reyes nobles de sangre tolteca. Para aumentar el grado de «toltequidad» de la dinastía reinante de los mexicas, Acamapichtli se casó luego con llancueitl, mujer perteneciente a una importante familia de Colhuacán, y así reforzó su estado de sumisión a la potencia colhua. Por aquellos mismos años, los mexicas de Tlatelolco recibieron como señor a Cuacuapitzahuac, miembro de la dinastía reinante en Atzapotzalco. A pesar de que los mexicas de Tenochtitlán habían establecido relaciones dinásticas con Colhuacán, no se olvidaron de reforzar también las que existían con Atzapotzalco: así, Huitzilíhuitl («pluma de colibrí»), hijo de Aca-

mapichtli y segundo *tlatoani* mexica (1396-1416), contrajo matrimonio con una sobrina de Tezozomoc. Durante su reinado, Hutzilíhuitl logró la prosperidad de la ciudad y, asimismo, una reducción del tributo que debían a Atzacapotzalco. Logró después algunas victorias militares, entre las que destaca la obtenida sobre Cuauhnáhuac (la actual Cuernavaca), ciudad situada al sur del valle de México, en una región sumamente rica y fértil; la victoria fue sancionada con un segundo matrimonio de Huitzilíhuitl con una princesa local, cuyas circunstancias fabulosas son narradas por las fuentes mexicas. Según la leyenda, Huitzilíhuitl, rechazado por el rey de Cuaunáhuac comc esposo para su hija, lanzó contra la ciudad una flecha que llevaba engastada una piedra preciosa; cuando la princesa la vio, quiso probar la dureza de la piedra mordiéndola, se la tragó accidentalmente y quedó embarazada. Así fue como esta princesa fue obligada a casarse; más tarde, dio a luz un niño, el futuro Moctezuma I, uno de los reyes más grandes de la historia mexica. A la muerte de Huitzilíhuitl, subió al trono Chimalpopoca («escudo humeante»), el hijo que el difunto rey había tenido con su esposa tepaneca. Chimalpopoca reinó en Tenochtitlán entre 1416 y 1427, y, durante su mandato, los mexicas participaron, en calidad de aliados de Atzpotzalco, en la guerra contra los acolhua de Acolhuacán y Texcoco; este acontecimiento marcó el apogeo del dominio tepaneca en el valle de México y otorgó a los mexicas una posición destacada entre los aliados de los tepanecas.

148 - En el centro de México-Tlatelolco, ciudad gemela de México-Tenochtitlán, se erigía un gran recinto ceremonial con los edificios sagrados de la ciudad.

149 - Plato ondulado procedente de México-Tlatelolco que representa un animal fantástico mezcla de águila y jaguar (MNA, Ciudad de México).

Aunque los aztecas produjeron una gran cantidad de códices durante la época prehispánica, o bien se han perdido, o bien fueron destruidos por los misioneros católicos. A diferencia de lo que sucedió con pueblos como los mixtecas o los mayas, de quienes conservamos diversos ejemplares de códices prehispánicos, carecemos de ejemplares aztecas anteriores a la conquista. Sin embargo, existen unos códices prehispánicos procedentes de la región de Cholula, conocidos colectivamente como grupo Borgia, que se produjeron en un ámbito cultural muy similar al del valle de México, por lo que permiten imaginar cómo serían los libros aztecas. Los códices del grupo Borgia, conocidos como Vaticano B, Borgia, Cospi, Laud y Fejérváry-Mayer, son obras de carácter ritual-adivinatorio; consisten en una banda de piel de ciervo plegada en zigzag, cubierta con una capa de yeso sobre la que los antiguos artistas dibujaron pictografías de vívido colorido que componen calendarios adivinatorios (*tonalpohualli*), tablas astrológicas y mapas celestes. La especial forma de estos libros permitía al adivino, que, antes de utilizarlos, debía cumplimentar rituales específicos, extender las páginas que deseara según la sección que tuviera que «leer», o, mejor dicho, efectuar lo que quizá se podría definir como algo a medio camino entre la verdadera lectura y el canto ritual. También existe un vasto corpus de códices redactados en el mundo azteca durante la primera época colonial, algunos con un estilo aún plenamente indígena, como el códice Borbónico, también de carácter religioso. De tipo histórico son el códice Mendoza, que, además de la historia de la fundación de Tenochtitlán, contiene una larga lista de los tributos que afluían anualmente a la capital, y el Boturini, con la narración pictográfica de la migración mexica. Otros códices coloniales, a menudo redactados sobre papel europeo o sobre telas de algodón, muestran un progresivo sincretismo con la aproximación de la pictografía indígena a la escritura europea, que muchas veces se añade a los pictogramas en forma de glosa o epígrafe: tal es el caso del citado códice Borbónico y de otros más, como el Xólotl, que narra las migraciones de los chichimecas, y los códices Azcatitlán, Ríos o Mexicanus, dedicados a hechos históricos del pueblo mexica. En el transcurso de la época colonial, las obras de los pintores indígenas fueron empleadas también para ilustrar obras escritas en alfabeto latino por administradores y misioneros europeos, como el extraordinario códice Florentino, que contiene la versión más completa de la obra del franciscano Bernardino de Sahagún, auténtica obra maestra que demuestra el carácter protoetnográfico de las investigaciones históricas llevadas a cabo por muchos misioneros de la época. La adopción de la escritura alfabética por los intelectuales indígenas hizo que muchos de ellos escribieran obras históricas fundamentales sobre la base de códices pictográficos anteriores y narraciones de tradición oral, así como colecciones de cantos y poemas que dan fe del altísimo nivel alcanzado por la literatura y la poesía indígenas prehispánicas, que se caracterizaban por el empleo de un lenguaje cargado de metáforas que los aztecas definían como «palabra florida».

151 y 152 - EL CÓDICE BORGIA ES EL MÁS CÉLEBRE DEL GRUPO HOMÓNIMO, DE CULTURA MIXTECA-PUEBLA Y CARÁCTER ASTROLÓGICO ADIVINATORIO. LOS CÓDICES PREHISPÁNICOS DE MÉXICO CENTRAL ESTÁN ESCRITOS SOBRE TIRAS DE PIEL DE CIERVO CUBIERTAS DE YESO Y PLEGADAS EN ZIGZAG. (BIBLIOTECA APOSTÓLICA VATICANA, CIUDAD DEL VATICANO).

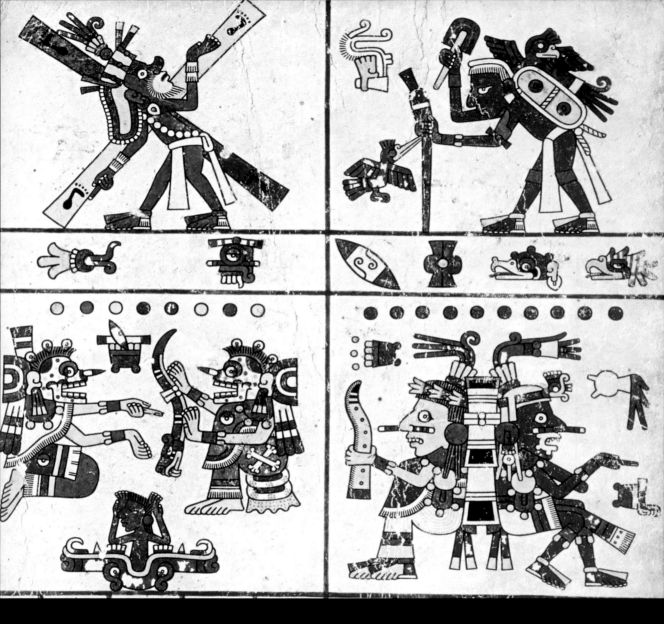

152 - Sección del códice Fejérváry-Mayer con representaciones de divinidades. Arriba aparece Yacatecuhtli, dios de los

153 - Página del códice Fejérváry-Mayer, del periodo posclásico tardío, que pertenece a la cultura mixteca-puebla. En ella aparece

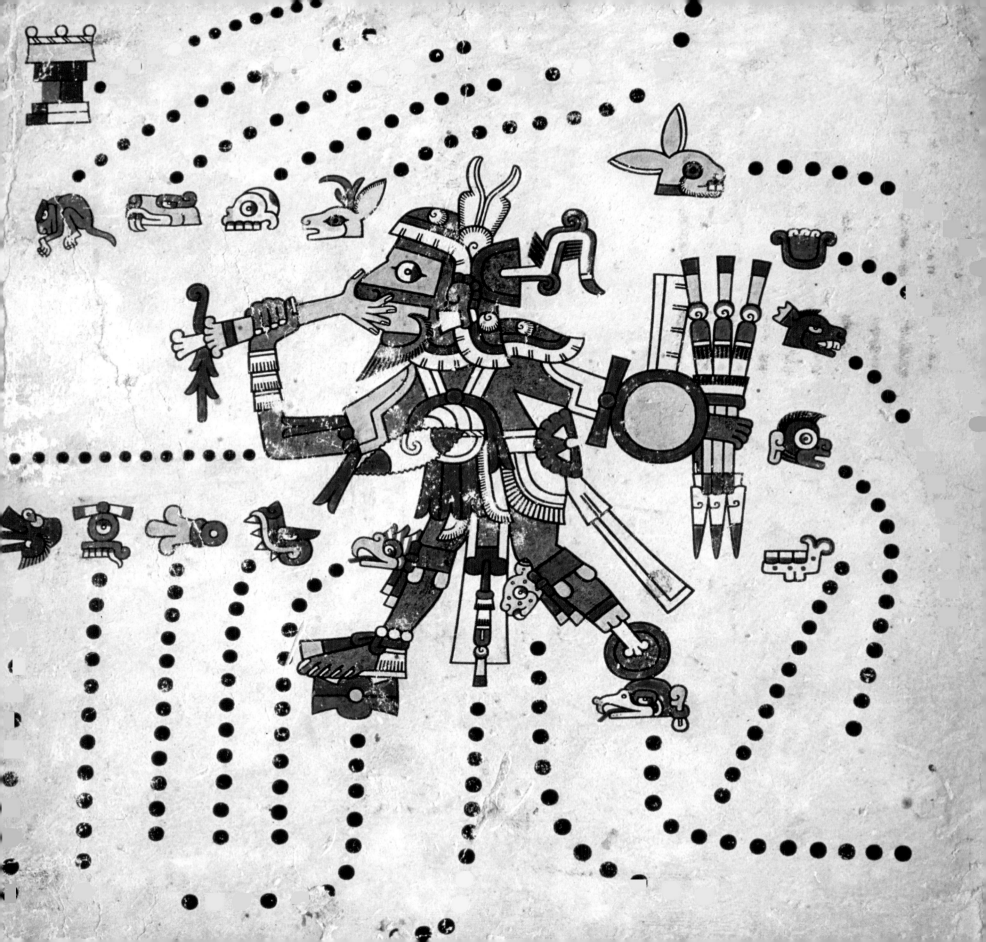

154 Y 155 - EN EL CÓDICE VATICANO B SE REPRESENTAN MUCHOS DIOSES: EL DIOS DEL SOL, TONATIUH (A LA IZQUIERDA), Y QUETZALCÓATL (A LA DERECHA ARRIBA); TLAZOLTEOTL (EN EL CENTRO A LA IZQUIERDA) Y TLAELQUANI, «LA COMEDORA DE INMUNDICIAS» (EN EL CENTRO A LA DERECHA); Y EL DIOS DE LA CAZA, MIXCÓATL (ABAJO), EN EL ACTO DE MATAR UN JAGUAR (BIBLIOTECA APOSTÓLICA VATICANA, CIUDAD DEL VATICANO).

156 Y 157 - EN EL CÓDICE BORBÓNICO SE REPRESENTAN EL DIOS DE LA LLUVIA, TLÁLOC (A LA IZQUIERDA), BAJO LA FORMA DE UNA MONTAÑA DE LA QUE BROTA UN MANANTIAL, Y EL DIOS XIPE-TÓTEC (A LA DERECHA), COMO PROTECTOR DE UNO DE LOS SEGMENTOS DE TRECE DÍAS DEL CALENDARIO RITUAL. LOS DÍAS Y LOS ELEMENTOS ADIVINATORIOS ASOCIADOS APARECEN EN EL RESTO DE LA PÁGINA (BIBLIOTECA DE LA ASAMBLEA NACIONAL, PARÍS).

papa mayor

a se parte las
primeras del agua.
el qepe signo.

los q̃ nacion ē esk signo avion d
β hombres ricos.

los q̃ aqui naciã auiam de ser inhabiles y
auiam de morir por mentirosos

tredecimo dia ...

duodecimo dia
aguila

undecimo dia
tigure

decimo dia
caña

nono dia
escoba

octauo dia
mona

duo decimo mes

primero dia
lagartija

segundo dia
culebra

tercero dia
muerte

quarto dia
uenado

quinto dia
conejo

sexto dia
agua

septimo dia
perro

LOS CALENDARIOS

Como todos los pueblos mesoamericanos, los aztecas consideraban el tiempo como una esencia divina que se manifiesta de forma cíclica, influyendo en la vida de los hombres. Así pues, el paso del tiempo se conceptualizaba mediante una serie de ciclos calendáricos que funcionaban simultáneamente y que daban vida a una compleja interacción de influencias divinas cada día del año. Los calendarios principales eran el *tonalpohualli*, calendario ritual de 260 días, y el *xíhuitl*, calendario solar de 360 + 5 días. Aún no se sabe si los aztecas utilizaban un sistema de corrección semejante al año bisiesto, pero, aunque no hay pruebas de ello, parece improbable que no se dispusiese de algún ajuste de esa clase, sin la cual se produciría un desplazamiento de las ceremonias mensuales, muchas de ellas ligadas a los ciclos agrícolas y de lluvias, y la sucesión real de las estaciones. A los dos calendarios principales hay que añadir otros ciclos, como el de los Nueve Señores de la Noche, el lunar y el del planeta Venus. El *tonalpohualli* estaba constituido por la asociación de veinte días con trece números y servía principalmente para la adivinación. Ésta se llevaba a cabo con el concurso de los oportunos códices pictográficos, que el adivino-astrólogo consultaba; de este modo, averiguaba la suerte futura y aconsejaba la práctica ritual que la persona podía llevar a cabo si quería interferir en el carácter del día en que debía realizar alguna actividad. La importancia de la adivinación y de la astrología en el mundo azteca es plenamente comprensible sobre la base de la concepción cíclica del tiempo, según la cual era posible prever, al menos en parte, los sucesos futuros a partir del pasado y de su continua repetición en el calendario.

El calendario solar, por su parte, se utilizaba principalmente para la determinación del ciclo ceremonial anual; en efecto, cada uno de los dieciocho meses del año se caracterizaba por una serie de festividades de las que los misioneros, como Toribio de Benavente, Diego Durán y Bernardino de Sahagún, han dejado descripciones muy cuidadosas y detalladas.

La combinación de los dos principales ciclos calendáricos daba lugar a un gran ciclo de 52 años que constituía el «siglo» mesoamericano y que se llamaba *xiuhmolpilli*, «haz de años», un concepto materializado en muchas esculturas aztecas como un haz de 52 cañas con el nombre del primer año del ciclo encima. Al final de cada *xiuhmolpilli* se celebraba la ceremonia del Fuego Nuevo. Antes de dicha ceremonia se apagaban todos los fuegos y se destruían muchos utensilios; se trataba de un momento considerado especialmente peligroso, ya que las fuerzas de la oscuridad podrían apoderarse del universo. Luego, en una colina próxima a la capital llamada cerro de la Estrella, con dos trozos de madera y sobre el pecho de un prisionero sacrificado se encendía un nuevo fuego, que era transportado después hasta las tierras más lejanas para volver a encender los fuegos de las casas y de los templos. Así se celebraba la derrota de las fuerzas de la oscuridad y el nacimiento de un nuevo «haz de años».

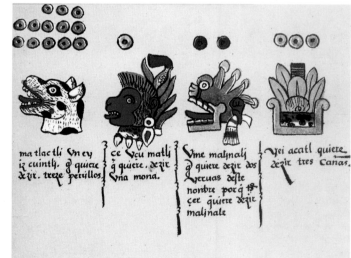

158 A LA IZQUIERDA - PÁGINA RELATIVA AL PRIMER MES DEL AÑO RITUAL AZTECA, DE LA OBRA DEL DOMINICO DIEGO DURÁN, DONDE ENUMERA LOS NOMBRES DE LOS VEINTE DÍAS DEL MES (BIBLIOTECA NACIONAL, MADRID).

158 DERECHA - LOS NOMBRES DEL CALENDARIO RITUAL AZTECA ESTÁN PINTADOS EN EL CÓDICE FLORENTINO, EL MANUSCRITO DE LA OBRA DE BERNARDINO DE SAHAGÚN (BIBLIOTECA MEDICEA LAURENZIANA, FLORENCIA).

159 - CÓDICE BORBÓNICO, DONDE APARECEN OXOMOCO Y CIPACTONAL, LA PAREJA PRIMIGENIA DE LA MITCLOGÍA AZTECA; SE LES ATRIBUYE LA INVENCIÓN DEL CALENDARIO RITUAL (BIBLIOTECA DE LA ASAMBLEA NACIONAL, PARÍS).

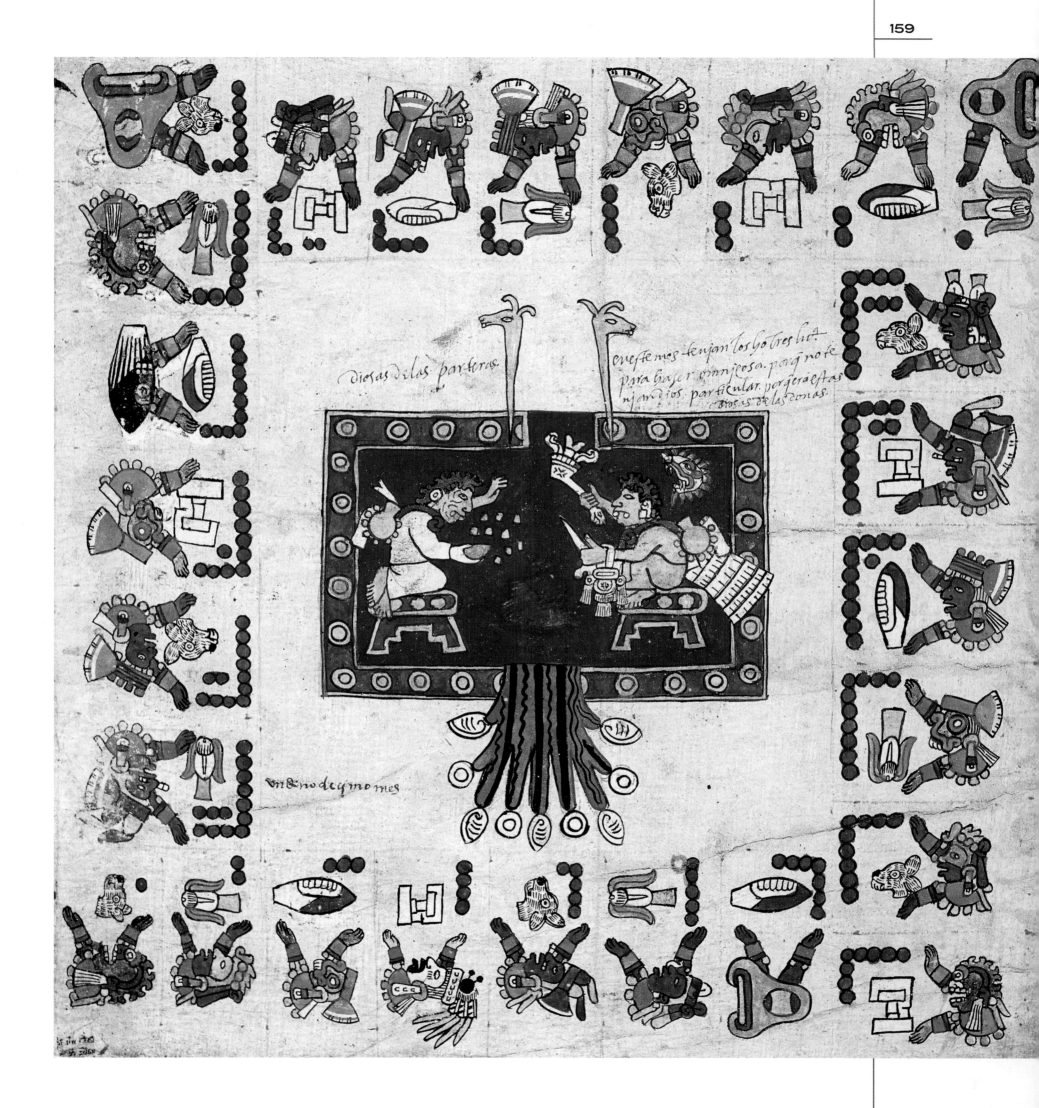

diosas delas parteras.

eneste mes tenjan los ho[m]bres lic[encia]
para hajer oran[des] cosa[s]. por[que] no te
nja[n] dios. particular. por[que] era esta[s]
dios[as]. delas donas.

vm[es] no decymo mes

160 - ESTE CÉLEBRE MONUMENTO, CONOCIDO COMO TEOCALLI DE LA GUERRA SANTA, REPRESENTA UN TEMPLO CORONADO POR LA IMAGEN DEL QUINTO SOL Y ESTÁ ADORNADO CON DIVERSAS IMÁGENES DE DIOSES. SE ESCULPIÓ PARA LA CELEBRACIÓN DE LA CEREMONIA DEL FUEGO NUEVO DE 1507, DURANTE EL REINADO DE MOCTEZUMA II (MNA, CIUDAD DE MÉXICO).

161 ARRIBA Y EN EL CENTRO A LA DERECHA - EL CONJUNTO DE LAS CEREMONIAS LIGADAS AL CALENDARIO AZTECA SE REPRESENTA EN LAS ILUSTRACIONES QUE ACOMPAÑAN AL TEXTO BILINGÜE DEL CÓDICE FLORENTINO (HACIA 1570), EN EL QUE SE DESCRIBEN CON EXTRAORDINARIO DETALLE (BIBLIOTECA MEDICEA LAURENZIANA, FLORENCIA).

EL NACIMIENTO DE LA TRIPLE ALIANZA

El frágil equilibrio político construido por el tepaneca Tezozomoc en el valle de México se quebró en 1427. La muerte del rey desencadenó un conflicto dinástico entre sus dos hijos, conflicto que llevó incluso al asesinato de los reyes de Tenochtitlán y de Tlatelolco. Cuando Maxtla consiguió apoderarse del trono de Atzapotzalco, Chimalpopoca fue asesinado, por lo que subió al trono de Tenochtitlán su tío Itzcóatl («serpiente de obsidiana», 1427-1440). Este hombre, experto en las armas y en las tareas de gobierno, se opuso al nuevo soberano tepaneca, para lo que obtuvo el apoyo de Nezahualcóyotl, legítimo rey de Texcoco, y de urbes como Tlaxcala y Huexotzinco, las principales ciudades-estado de la región de Puebla, encantadas de librarse del yugo tepaneca. Tras una larga guerra, Maxtla fue vencido en 1433, y Tenochtitlán, Texcoco y Tlacopán (una ciudad tepaneca que había permanecido neutral) establecieron una alianza que las convirtió en las tres potencias dominantes del valle: la *excan tlatoloyan* («tribunal de las tres sedes»), más conocida como la Triple Alianza. Esta forma de federación no era nueva en el panorama político mesoamericano, ya que las alianzas de tres ciudades eran un fenómeno típico del llamado «modelo zuyuano» desde el periodo tolteca. Por otra parte, en el caso concreto del valle de México las tres nuevas capitales se presentaban explícitamente como herederas de importantes ciudades-estado anteriores: Tenochtitlán de Colhuacán, Texcoco de Coatlinchán y Tlacopán de Atzcapotzalco. El orden político y cultural que las tres ciudades consiguieron imponer en los siglos posteriores a gran parte de México central y que, en su conjunto, denominaremos azteca (refiriéndonos con este término no sólo a los mexicas, sino también a todo el ámbito cultural nahua) era, en cierto modo, el paradójico producto de la fusión de dos conceptos opuestos en el pensamiento azteca: la *chichimecáyotl* y la *toltecáyotl*, que se podrían traducir como «barbarie» y «civilización». Si, por una parte, los reyes aztecas creían estar investidos de una realeza que procedía directamente de Quetzalcóatl y de los toltecas de Tula y asociados a una refinada civilización, por otra parte se sentían orgullosos de su origen chichimeca, que solían invocar, con enfática retórica, como sinónimo de fuerza y austeridad; así lo demuestran los conflictos que se desataban entre los soberanos por el derecho a ostentar el título de *chichimecatecuhtli*, «señor de los chichimecas». Formalmente, las tres ciudades de la *excan tlatoloyan* estaban a la misma altura y eran independientes, y la alianza preveía la organización de guerras conjuntas y el reparto de los tributos; pero lo cierto es que Tlacopán estuvo siempre subordinada a las otras (de hecho, sólo re-

cibía una quinta parte de los tributos), mientras que entre Tenochtitlán y Texcoco surgían frecuentes disputas por la distribución de tierras y gravámenes. Texcoco fue considerada como «capital intelectual» de la alianza, hasta el punto de que algunos historiadores la han llamado «la Atenas de América»: son famosos sus reyes poetas, como Nezahualcóyotl y su hijo Nezahualpilli, así como también el historiador mestizo Fernando Alva Ixtlilxóchitl (1568-1648), descendiente por línea materna de Nezahualcóyotl y autor de una importante *Historia chichimeca*. En lo que respecta a la elección del *tlatoani*, las ciudades de la *excan tlatoloyan* eran asimismo independientes, pero la elección debía ser ratificada por dos señores aliados (que imponían su criterio en el mismo momento de la elección) en virtud de las relaciones familiares por las que estaban ligados. No se aplicaba la regla de la primogenitura: hasta el reinado de Itzcóatl, el *tlatoani* era elegido entre los nobles principales por los jefes de los *calpultin*. Itzalcóatl reformó el procedimiento, instituyendo un grupo de cuatro nobles, a menudo parientes cercanos del soberano, que actuaban de consejeros; además, eran los candidatos preferentes para la siguiente elección, que era gestionada por un consejo ampliado que incluía a los más altos nobles de la ciudad. El nuevo *tlatoani* era elegido entre los candidatos por su capacidad política y militar. Además de reformar las reglas sucesorias, Itzcóatl llevó a cabo una profunda reorganización político-administrativa del reino, con ayuda de un consejo del que formaban parte Moctezuma, su sucesor, y Tlacaelel, hermano de Moctezuma, que asumió el título de *cihuacóatl* («serpiente mujer»), una especie de «segundo» del soberano. Al parecer, Tlacaelel ostentó tal dignidad durante tres reinados sucesivos, lo que le convirtió en uno de los hombres más influyentes de la historia política mexica. Las fuentes históricas atribuyen a Itzcóatl una verdadera «refundación» del reino, aunque es probable que su papel se haya exagerado por exigencias propagandísticas de la historiografía oficial, sobre todo después de que Itzcóatl hiciese destruir la documentación pictográfica existente para borrar la memoria de sucesos que habrían podido interferir en su glorificación como constructor del imperio. Según parece, las reformas de Itzcóatl acentuaron la distancia económica y social entre la aristocracia y el pueblo, lo que la propaganda oficial atribuyó a alguna clase de pacto sellado entre el soberano y el pueblo antes de la guerra: en vista de que la gente tenía miedo de enfrentarse militarmente a los poderosos tepanecas, Itzcóatl habría prometido que, en caso de derrota, reduciría los privilegios de la nobleza y que, en caso contrario, los aumentaría, lo que cumplió puntualmente llegado el momento.

163 - En el centro de la capital azteca, Tenochtitlán, se alzaba el Templo Mayor, centro físico y simbólico del imperio; en la imagen, tal como se representa en el códice Aubin (Museo Británico, Londres).

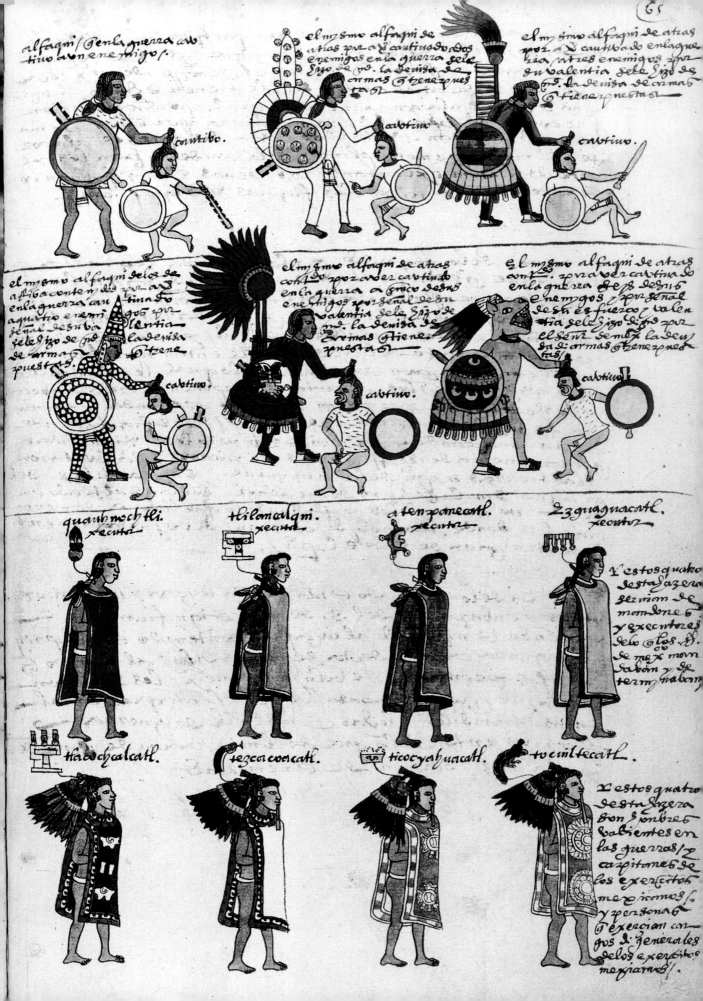

alfaqn fen la guerra ca
tivo a vn enemigo

el mifmo alfaqn de
atras por a d cautivado dos
enemigos en la guerra fele
fizo de m° la denisa de
armas q tiene q pues
tas

el mi fimo alfaqn de atras
por a d cautivado en la gue
rra atres enemigos por
fu valentia fele fizo de
fr°. la denisa de armas
q tiene q puestas

cautivo.

cautivo

cautivo

el memo alfaqn delos de
atras conteny dos por az
en la guerra cau tiuado
aquatro enemi gos por
fenal de fu va lentia
fele fizo de fr°. la denisa
de armas q tiene q
puestas

el m 9 mo alfaqn de atras
con t°zo por ader cautivado
en la guerra a finco dedus
enemigos por fenal de fu
valentia fele fizo de
m°. la denisa de
armas q tiene
q puestas

el mi 9 mo alfaqn de atras
con t°. zo por a ver cautivado
en la gue rra de feis dedus
enemigos por fenal
de fu es fuer y valen
tia fele fizo de fr°. por
el fent se m² la deni
da de armas q tiene q pres
tas

cautivo.

cabtino.

cautivo

quauhnochtli.
xecutor

tlilancalqui.
xecutor

atenpanecatl.
xecutor

ezguaguacatl.
xecutor

Y estos quatro
desta fazera
fon on on br²
y excentores
delo q los f.
de mex mon
dabon y de
termynaban

tlacochcalcatl.

tezcacovacatl.

ticocyahuacatl.

tocuiltecatl.

Y estos quatro
desta fazera
fon onbres
valientes en
las guerras y
capitanes de
los exercitos
mexicanos
y perfonas q
exercian car
gos de generales
delos exercitos
mexicanos

Desde el punto de vista social, la división fundamental del mundo azteca se daba entre nobleza y pueblo llano. Los nobles, llamados *pipiltin*, lo eran por derecho hereditario y desempeñaban las principales funciones sociales: oficiales, sacerdotes, funcionarios o grandes comerciantes. A cada uno de esos cargos le correspondía un título específico, que, con frecuencia, daba derecho a la percepción de una parte de los tributos. Para aprender a desempeñar sus importantes funciones, los *pipiltin* acudían a una escuela especial, el *calmecac*, donde se les instruía en el arte de la guerra, la administración, la religión, la retórica y la etiqueta. Las diferencias de rango se manifestaban por medio del atuendo, que se regulaba por rígidas normas: por ejemplo, sólo los nobles podían llevar ropas finas de algodón, sandalias o joyas. Los *pipiltin* no estaban obligados a pagar tributo al soberano y eran los únicos favorecidos por los beneficios derivados de la administración de sus bienes. Entre éstos se contaba el derecho a la devolución de los tributos que gravaban sus tierras, llamadas *illalli* («tierras de los nobles»), que el *tlatoari* concedía a los *pipiltin* como retribución por su ayuda en empresas militares o tareas administrativas. Las tierras eran trabajadas por los *mayeque*, una especie de braceros.

164 - En el códice Mendoza se ven los atuendos de los guerreros y funcionarios imperiales (Bodleian Library, Oxford).

165 a la izquierda - En la cúspide de la pirámide social se hallaban los nobles o pipiltin, representados en el códice Florentino (Biblioteca Medicea Laurenziana, Florencia).

165 a la derecha - En el códice Mendoza se ilustran las enseñanzas y castigos aplicados a los jóvenes (Bodleian Library, Oxford).

Los *macehualtin*, dedicados principalmente a la agricultura, la artesanía y el pequeño comercio, formaban el grueso de la población azteca plebeya. Eran trabajadores libres que se ocupaban de las tierras comunitarias y que estaban obligados a entregar como tributo los excedentes de su trabajo. Los *macehualtin* se reunían en *calpultin* (plural de *calpulli*), grupos de

tares y los conocimientos necesarios para el desarrollo de la actividad cotidiana. A la cabeza del *calpulli* se hallaba un señor, el *tecuhtli*, encargado de la gestión jurídica y económica de la entidad y a quien se destinaba una parte de los tributos que pagaban los *macehualtin*. Estos últimos, en fin, estaban divididos en dos categorías: los *calpuleque*, que pagaban los tributos al *tlatoani*, y los *teccaleque*, que los pagaban al *tecuhtli* de su propio *calpulli*.

En los estratos sociales más bajos se hallaban los ya citados *mayeque* o braceros, así como los *tlacotin*, término generalmente traducido como «esclavos». En realidad, en el mundo azteca nunca existió algo semejante a la esclavitud del Viejo Mundo; además, el peso económico de los *tlacotin* era muy limitado. Se llegaba a la condición de *tlacotli* por una condena jurídica, por deudas o por propia elección. El *tlacotin* debía trabajar gratuitamente para su acreedor, recibiendo a cambio sólo la comida necesaria para su supervivencia.

Puesto que convertirse en *tlacotin* no implicaba la pérdida de los propios bienes, existían *tlacotin* ricos que, a su vez, eran propietarios de otros *tlacotin*. Además, no se trataba de una condición vitalicia, pues los *tlacotin* quedaban liberados de su condición en el mismo momento en que liquidaban la deuda; ni tampoco hereditaria, desde el momento en que los hijos de los *tlacotin* nacían como hombres libres.

Las citadas clases sociales del universo azteca no eran completamente cerradas, ni tampoco impermeables. La principal vía de ascenso social era la guerra: un noble que se distinguía en el combate se hacía acreedor a una larga serie de títulos y honores, y un *macehualli* podía elevar su rango hasta una posición social intermedia, lo que permitiría a su hijo convertirse en *pipiltin*. Por el contrario, a pesar de su superior rango social, los *pipiltin* podían perder sus privilegios por condenas judiciales, ya que las leyes aztecas eran mucho más severas con los nobles, de quienes se esperaba una vida recta y austera. Cuando un noble era rebajado al grado de *macehualli*, también sus hijos heredaban esa condición.

individuos ligados por vínculos de parentesco y territorio que vivían en barrios específicos, ya que compartían, además de lazos de sangre, una ocupación específica: había *calpultin* de agricultores, de artesanos, etc. Cada *calpulli* detentaba las tierras colectivamente y las redistribuía entre varias familias; los jóvenes de dichas familias estaban obligados a frecuentar el *telpochcalli*, una escuela donde se les enseñaba la historia de su pueblo, los preceptos religiosos fundamentales, las artes mili-

166 - LAS LABORES AGRÍCOLAS CONSTITUÍAN LA ACTIVIDAD PRINCIPAL DE LOS MACEHUALTIN, ES DECIR, EL PUEBLO LLANO. LA AGRICULTURA ERA LA BASE DE LA ECONOMÍA AZTECA Y SE BASABA SOBRE TODO EN EL CULTIVO DEL MAÍZ. EN EL CÓDICE FLORENTINO SE REPRESENTA A LOS MACEHUALTIN MIENTRAS SE DEDICAN A LAS DIVERSAS FASES DE LA PRODUCCIÓN (BIBLIOTECA MEDICEA LAURENZIANA, FLORENCIA).

167 - LA ADMINISTRACIÓN DE JUSTICIA ERA EJERCIDA POR FUNCIONARIOS ESPECIALES, ENCARGADOS TAMBIÉN DE APLICAR LAS PENAS CORRESPONDIENTES, ALGUNAS DE LAS CUALES SE ILUSTRAN EN EL CÓDICE FLORENTINO. LA LEY AZTECA PREVEÍA PENAS MÁS SEVERAS PARA LOS NOBLES, DE QUIENES SE ESPERABA UNA CONDUCTA IMPECABLE (BIBLIOTECA MEDICEA LAURENZIANA, FLORENCIA).

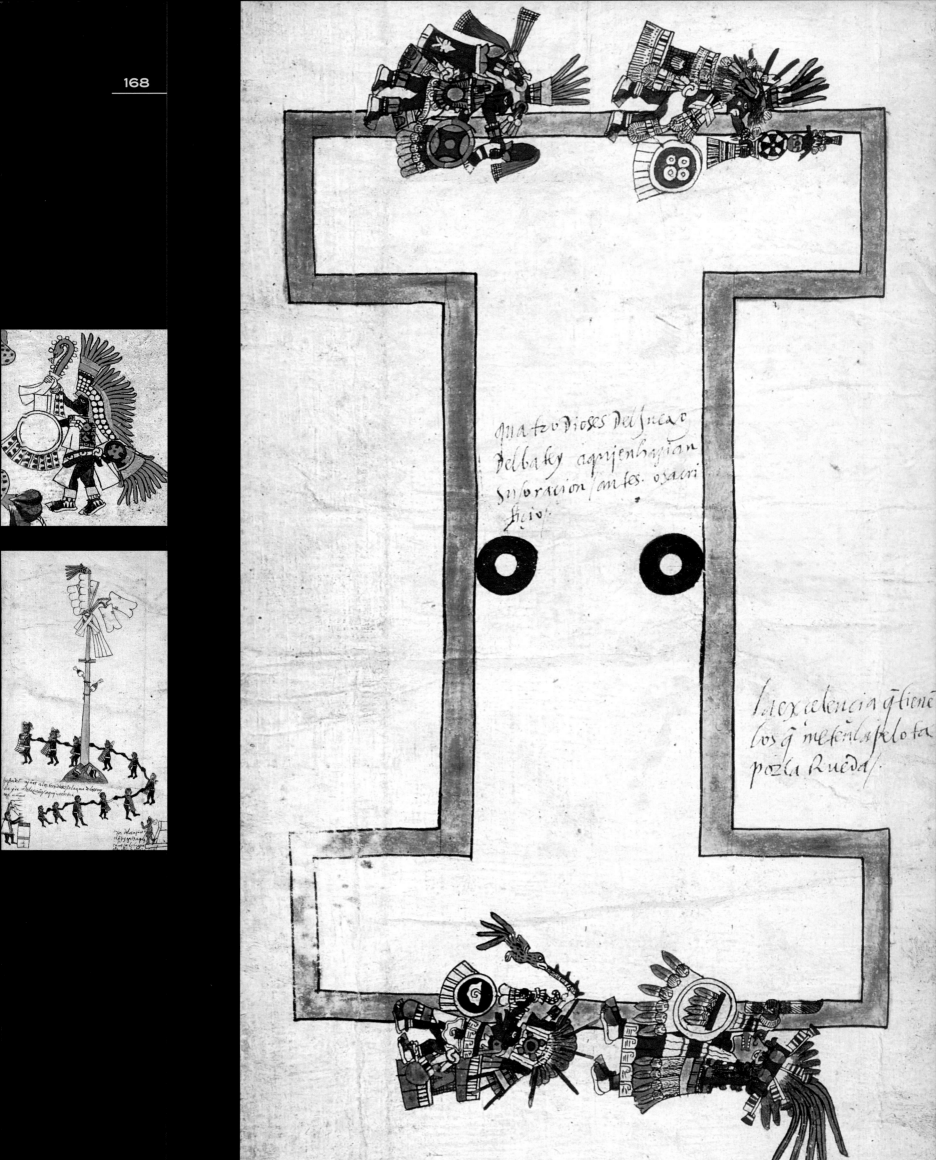

Las ceremonias religiosas más comunes en el mundo azteca eran, esencialmente, de dos tipos: las relacionadas con el calendario y las que no lo estaban. Las primeras quedaban ligadas al ciclo solar de 360 + 5 días, dividido en 18 «veintenas», a cada una de las cuales correspondía una larga y compleja celebración dedicada a uno o más dioses. Por lo común, estas ceremonias, que conocemos con detalle gracias a descripciones de la primera época colonial, incluían danzas, ofrendas y sacrificios, y, probablemente, se correspondían con fases concretas del calendario agrícola. Entre las celebraciones ajenas al calendario, las más relevantes eran las ligadas a los momentos destacados de la vida individual, como el nacimiento, el matrimonio y la muerte, y también las relacionadas con eventos imprevistos, como sequías, inundaciones, etc.

Una de las principales actividades públicas del mundo azteca era el juego de pelota, que alcanzó un profundo valor ritual en todas las poblaciones de Mesoamérica; estaba relacionado con la asociación ideal entre los mitos de la realeza y el ciclo solar: en particular, la cancha de juego era vista como un acceso al mundo subterráneo, a través del cual, cada tarde, el Sol iniciaba su viaje al inframundo. La cancha de juego, llamada *tlachtli* en náhuatl, tenía forma de doble T y estaba dividida en dos mitades separadas por una línea que se trazaba con una determinada hierba triturada. Los jugadores tenían que golpear la pelota con los costados o las rodillas, cubiertos con protecciones especiales de cuero, y hacerla botar en medio del campo adversario; de lo contrario, perdían un punto. Si un jugador conseguía hacerla pasar por uno de los aros de piedra colocados a los lados del campo. su equipo ganaba el partido. A pesar de su carácter ritual, el juego tenía también aspectos más mundanos: el dominico Diego Durán afirma que los jugadores podían ganar joyas, ropas, esclavos y mujeres, aunque añade que lo más importante era la gloria de la victoria, ya que quien llegaba a meter la pelota en el aro de piedra «era honrado como un hombre que hubiese vencido en combate a tantos hombres que hubiese puesto fin a la batalla».

CEREMONIAS RELIGIOSAS Y JUEGOS RITUALES

168 - EN EL CÓDICE BORBÓNICO, DEL SIGLO XVI, SE ILUSTRAN LA DANZA RITUAL (A LA IZQUIERDA) Y EL JUEGO DE PELOTA (A LA DERECHA), DE CONNOTACIONES RELIGIOSAS Y LÚDICAS. LAS ACTIVIDADES RELIGIOSAS CONECTADAS CON EL CALENDARIO REUNÍAN A TODA LA POBLACIÓN AZTECA (BIBLIOTECA NACIONAL, PARÍS).

169 - ENTRE LOS JUEGOS MÁS EXTENDIDOS EN EL MUNDO AZTECA ESTABA EL *PATOLLI*, QUE SE JUGABA CON FICHAS SOBRE UNA ESPECIE DE TABLERO DE AJEDREZ EN X, TAL COMO APARECE ILUSTRADO EN EL CÓDICE FLORENTINO. POR DESGRACIA, SE DESCONOCEN LAS REGLAS DEL JUEGO (BIBLIOTECA MEDICEA LAURENZIANA, FLORENCIA).

LA ESTRUCTURA POLÍTICA DEL IMPERIO

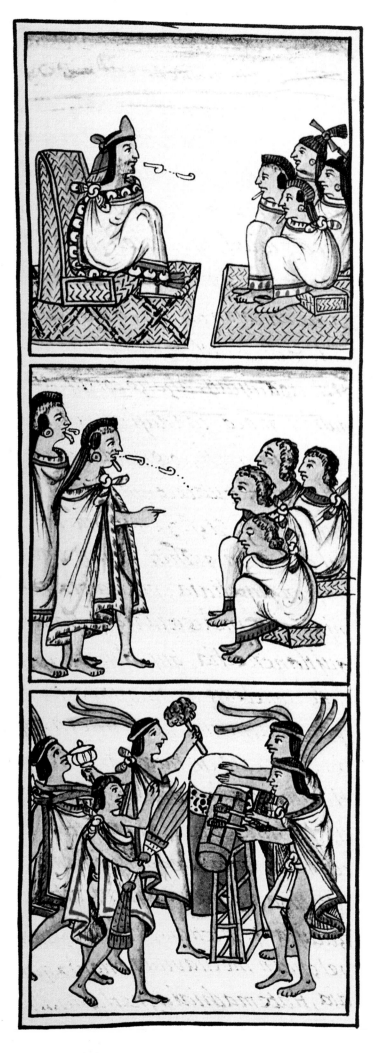

La entidad que se conoce con la denominación de imperio azteca jamás tuvo una auténtica estructura política centralizada; era más bien una confederación de reinos, llamados en náhuatl *tlatocáyotl*, cada uno de los cuales ostentaba una organización política interna particular. En el caso de México-Tenochtitlán, el gobernante supremo era el *tlatoani*, representante terrenal de Tezcatlipoca y Huitzilopochtli y heredero ideal de Quetzalcóatl, el mítico soberano de Tollán. A su lado gobernaba el *cihuacóatl*, «serpiente mujer», en cuyo nombre debemos ver un signo de la correspondencia entre orden político y orden cosmológico: al igual que el cosmos se caracteriza por la constante oposición y coexistencia de dos principios opuestos, masculino y femenino, así el orden terrenal está regido por dos manifestaciones de tales principios. La principal competencia del *tlatoani* eran las guerras; el *cihuacóatl* sustituía al soberano durante sus ausencias y se ocupaba principalmente de lo que se podría llamar política interior, incluidos los asuntos administrativos y legales. Como se ha visto, asistía a los dos gobernantes un consejo de cuatro nobles, dos de los cuales eran los comandantes militares, y otros dos consejos ampliados formados por 13 y 20 miembros de la más alta aristocracia.

Un principio dual semejante al del gobierno se aplicaba también a los asuntos religiosos, ya que los dos principales sacerdotes eran el Quetzalcóatl Tláloc Tlamacazqui y el Quetzalcóatl Tótec Tlamacazqui, responsables, respectivamente, de los cultos de Tláloc y Huitzilopochtli, los dioses principales, a los que estaban dedicadas las dos pirámides del Templo Mayor. Tanto en el ámbito civil como en el religioso, estos cargos supremos estaban al mando de escuadras de funcionarios, administradores y jueces encargados de la gestión diaria de la vida política y religiosa.

Así pues, cada uno de los tres reinos que formaban la *excan tlatoloyan* o Triple Alianza estaba regido por un *tlatoani* que ostentaba, además, otro título que expresaba su dominio sobre uno o más grupos étnicos: el señor de Tenochtitlán era *culhuatecuhtli* («señor de los culhua»), el de Texcoco era al mismo tiempo *acolhuatehcutli* («señor de los acolhua») y *chichimecatecuhtli* («señor de los chichimecas»), y el de Tlacopán era *tepanecatecuhtli* («señor de los tepanecas»). Al parecer, con el paso del tiempo se estableció también una cierta especialización económico-política de las tres ciudades: Texcoco se ocupaba de los asuntos legislativos y de ingeniería; en Tenochtitlán recaía el cuidado de la organización de la guerra, y Tlacopán era la encargada de la producción agrícola. Es posible que el reparto se ajustase a una tripartición cosmológica en la que a Texcoco le correspondían los cielos; a Tenoch-

titlán, la Tierra, y a Tlacopán el inframundo. En virtud de esta organización político-cosmológica, la *excan tlatoloyan* aspiraba al dominio de todas las demás entidades políticas regionales. Tal dominio se podía conseguir mediante negociaciones; en caso de sumisión voluntaria, éstas implicaban una serie de obligaciones ceremoniales, así como la entrega periódica de ofrendas a los tres soberanos. En caso de rechazo, las ciudades eran sometidas por las armas y obligadas al pago de un tributo anual, cuya magnitud dependía del grado de resistencia que hubieran opuesto a la conquista. Sin embargo, la derrota casi nunca implicaba la pérdida de la autonomía política local; casi siempre, la dinastía reinante permanecía en el poder, aunque, evidentemente, bajo la supervisión de la *excan tlatoloyan*. Sólo en casos extremos la dinastía local era eliminada y sustituida por un gobernador enviado por una de las tres ciudades.

La autonomía concedida a las ciudades vencidas, la carencia de guarniciones militares permanentes en las regiones dominadas y la consecuente falta de un verdadero dominio territorial hacían que la estructura del imperio fuese extremadamente débil y estuviese sujeta a las continuas rebeliones de las ciudades que rechazaban el pago de tributos y tenían que ser nuevamente reconquistadas. Ésta es otra de las razones por las que resulta difícil confeccionar una lista completa y exhaustiva de las conquistas de cada soberano azteca, ya que era frecuente que les tocara reconquistar provincias anterioremente ya nexionadas por sus predecesores.

Las primeras campañas militares de la Triple Alianza abordaron, uno tras otro, los territorios originalmente sometidos a Atzcapotzalco. Primero se dirigieron hacia Coyoacán, ciudad tepaneca que pronto fue vencida; luego les llegó el turno a las ciudades meridionales de Xochimilco, Cuitláhuac y Míxquic, situadas en la región con mayor potencial agrícola del valle de México, donde existían numerosas *chinampas*, campos elevados separados por canales destinados a la producción intensiva. Después de conseguir el control de la mayor parte del va-

170 - La gestión política del imperio azteca estaba en manos del *tlatoani* y de los consejos nobiliarios. Los nobles tenían competencias administrativas, judiciales y ceremoniales, como está ilustrado en el códice Florentino (Biblioteca Medicea Laurenziana, Florencia).

171 - Esta figura de terracota de tamaño casi natural (1,40 m de altura) es la de un sacerdote del dios de la muerte; se le reconoce por el peculiar tocado y, sobre todo, por la «rosa» de papel que cubre sus genitales. (Museo Nacional de Antropología, Ciudad de México).

LA PRIMERA EXPANSIÓN IMPERIAL

lle, los ejércitos se dirigieron hacia la región de Morelos; allí vencieron y sometieron al pago de tributos a ciudades como Cuauhnáhuac y Tepotzlán. Según algunas fuentes, Itzcóatl consiguió extender sus dominios por el norte y llegar hasta la ciudad de Tula. Durante su reinado comenzó la construcción de la gran carretera que se extendía sobre un terraplén que atravesaba el lago de Texcoco y unía Tenochtitlán con Coyoacán.

Cuando Itzcóatl murió, en 1440, su lugar fue ocupado por Moctezuma («el iracundo»), llamado Ilhuicamina («el que cruza el cielo»). Su legitimidad dinástica se fundamentaba en su condición de sobrino de Itzcóatl, hijo de Huitzilíhuitl y hermano de Chimalpopoca, una genealogía que, como hemos visto, le había permitido formar parte del «consejo de los cuatro» en calidad de *tlacatécatl*, uno de los máximos rangos militares del imperio.

Moctezuma Ilhuicamina, llamado también Moctezuma I, fue uno de los más grandes soberanos de la historia mexica, pero su reinado comenzó entre graves dificultades. En efecto, mientras mantenía una extenuante guerra contra Chalco, el centro de México se vio azotado por una grave carestía que comenzó en 1450 y duró cuatro años; durante este tiempo se alternaron heladas y sequías que destruyeron una gran parte de las cosechas y causaron verdaderas tragedias, vívidamente descritas por las fuentes coloniales.

Tal vez fuera por los efectos de la penuria por lo que entre las primeras campañas promovidas por Moctezuma se contaron las dirigidas contra las tierras tropicales del golfo de México, famosas por su fertilidad y sus abundantes cosechas. Tras una primera campaña contra Coixtlahuaca, en Oaxaca, los ejércitos aztecas se dirigieron primero hacia la costa de Veracruz, ocupada por los totonacas, donde sometieron a las ciudades de Orizaba, Cotaxtla y Cempoala al pago de tributos, y luego hacia la costa septentrional, la región de los huastecas. Posteriormente llegaron a Tepeaca, cerca de Tlaxcala, y después reemprendieron la guerra contra Chalco, que ya duraba más de diez años y que, por fin, concluyó con la sumisión de la ciudad.

Para Tenochtitlán, las campañas militares eran una fuente de riquezas en forma de tributos y de grandes cantidades de prisioneros para ser sacrificados durante las complejas ceremonias que se celebraban en el Templo Mayor, auténtico corazón del imperio azteca, cuyas ruinas aún hoy son visibles en la plaza central de Ciudad de México. Moctezuma dedicó gran parte de su reinado a la remodelación del templo, y, según las fuentes, lo dejó más grandioso de lo que nunca había sido, aunque la muerte impidió al soberano asistir a la inauguración de las nuevas edificaciones. La ideología política de los pueblos nahua, y en particular la de los mexicas, otorgaba a la guerra un papel fundamental. Si bien desde el punto de vista práctico su principal utilidad era la obtención de riquezas, que llegaban en forma de tributos a las ciudades vencedoras, desde una perspectiva ideológica la finalidad de la guerra era, sobre

172 - EN UNO DE LOS LADOS DE ESTE ALTAR DE LOS SACRIFICIOS SE REPRESENTA AL REY MOCTEZUMA I DOTADO DE CARACTERES DIVINOS, MIENTRAS SUJETA POR EL CABELLO A UN PRISIONERO CAPTURADO EN UNA DE LAS PROVINCIAS CONQUISTADAS (MNA, CIUDAD DE MÉXICO).

173 - ENTRE LOS ELEMENTOS QUE LOS AZTECAS TOMARON DEL MUNDO TOLTECA SE CUENTA LA CONCEPCIÓN DE LA GUERRA SANTA Y SU VINCULACIÓN CON LA SERPIENTE EMPLUMADA, DIOS QUE, EN ESTE ALTAR, APARECE SOBRE EL DESFILE DE GUERREROS (MNA, CIUDAD DE MÉXICO).

174 - ESCUDO HECHO CON UN MOSAICO DE PLUMAS. LLEVA LA IMAGEN DE UN COYOTE, DE CUYA BOCA BROTA UN CHORRO DE AGUA Y FUEGO, METÁFORA DE LA GUERRA SANTA (MUSEO DE ETNOLOGÍA, VIENA).

175 - ENTRE LAS CLASES DE GUERREROS AZTECAS SE CONTABAN LOS GUERREROS-ÁGUILA Y LOS GUERREROS-JAGUAR, CUYOS NOMBRES ALUDÍAN A LAS DOS FUERZAS CÓSMICAS. EN LOS YACIMIENTOS AZTECAS SE HAN ENCONTRADO NUMEROSAS ESCULTURAS QUE REPRESENTAN GUERREROS-ÁGUILA (MNA, CIUDAD DE MÉXICO).

todo, la captura de prisioneros para sacrificarlos a sus dioses. No es asombroso, por tanto, que la guerra se considerase la principal actividad a la que un hombre podía dedicarse: al igual que, cuando nacía una niña, su cordón umbilical se enterraba bajo el molino del maíz, los de los niños eran confiados a un guerrero para que los enterrase en el campo de batalla. Asimismo, la importancia de los guerreros en la ideología azteca es el reflejo de la creencia de que los guerreros muertos en combate o sacrificados tenían el privilegio de transformarse en colibrí y acompañar al Sol del alba al cenit, pues en la segunda parte de su trayecto, acompañaban al Sol las mujeres muertas de parto.

El grueso de los ejércitos estaba constituido por campesinos que eran llamados a las armas en caso de necesidad y que, gracias a las empresas militares, podían elevar su rango social. En los puestos de mando se hallaban los nobles, dedicados específicamente a esa actividad. Entre los guerreros más importantes se contaban los pertenecientes a dos clases principales: los guerreros-águila y los guerreros-jaguar.

El arma típica usada en las batallas era la *macáhuitl*, una espada de madera en cuyos filos se insertaban lascas de obsidiana. También se utilizaban propulsores para dardos y, a veces, arcos y flechas, armas de origen chichimeca que nunca alcanzaron gran difusión en el antiguo México. La protección del cuerpo se confiaba a escudos redondos (*chimalli*) y a cotas de algodón muy tupidas.

La indumentaria de los guerreros era indicativa de su rango y de sus hazañas. El *tlacochcálcatl*, el comandante máximo, iba vestido como el dios de la muerte, con un casco que representaba una calavera; el *tlacatécatl*, segundo en el mando, llevaba un uniforme rematado por una cabeza de perro. Los colores y formas de los gorros, plumas y escudos, ilustrados detalladamente en el códice Mendoza, indicaban el rango de los demás guerreros, que a menudo se expresaba mediante el número de prisioneros capturados, señal de coraje y valor militar. Las guerras aztecas tenían con frecuencia carácter aristocrático-ritual, y actos como la declaración de guerra, la rendición o la sumisión a los vencedores estaban regulados por un rígido ceremonial.

Las fuentes coloniales describen también las «guerras floridas», contiendas rituales que, al parecer, organizaban Tenochtitlán y sus tradicionales enemigos de Tlaxcala y Huexotzingo con el único fin de conseguir prisioneros para los sacrificios. En realidad, no está claro si esas guerras se produjeron realmente: en primer lugar, porque, como se ha dicho, toda guerra tenía fuertes connotaciones rituales, pero, sobre todo, porque parece extraño que tales enfrentamientos rituales se ejerciesen contra las dos ciudades que nunca estuvieron sometidas al poder azteca. Es incluso probable que hablar de guerras floridas fuese una manera de ocultar el hecho de que las guerras contra los tradicionales adversarios nunca terminaron con una victoria definitiva.

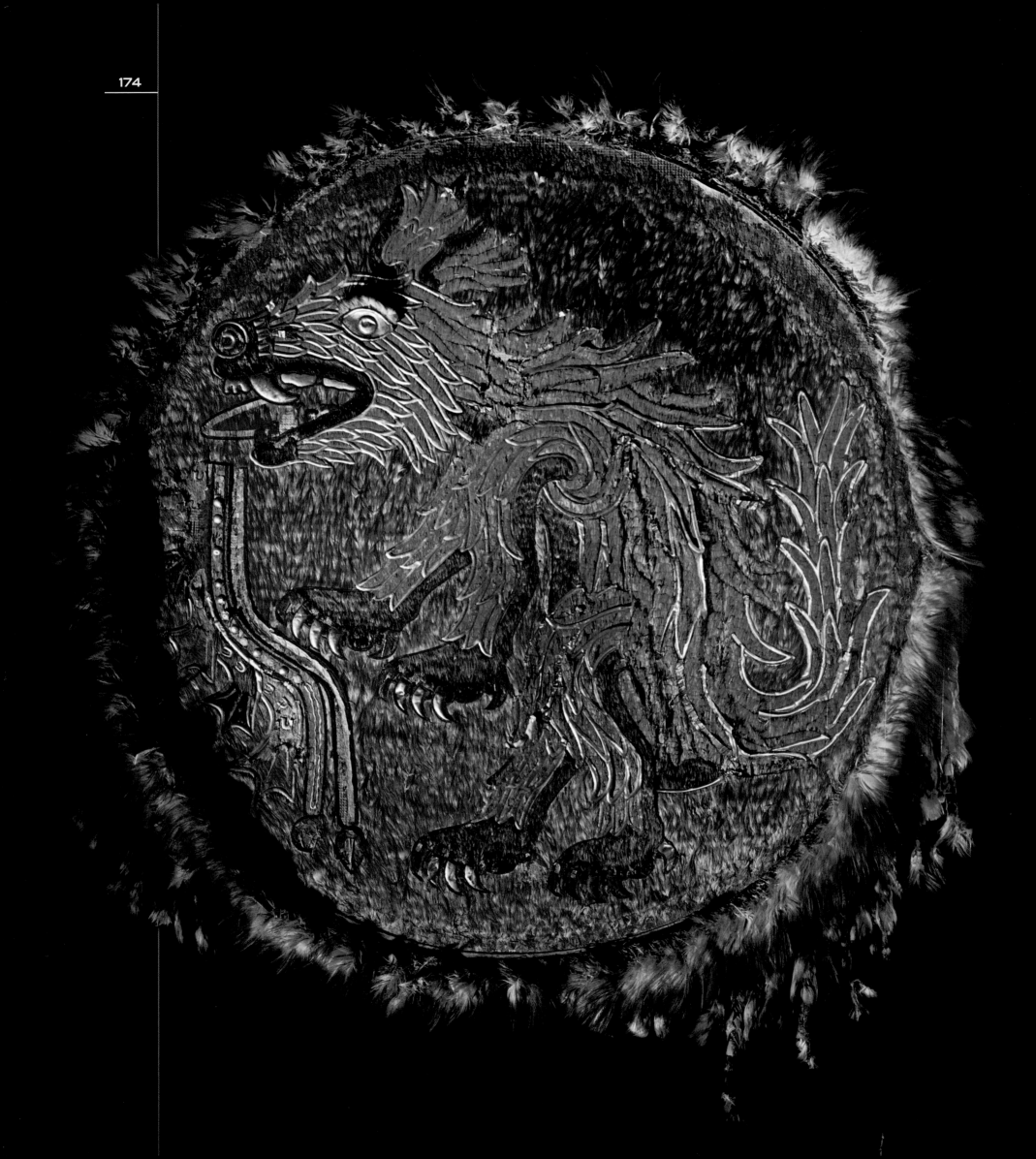

LOS SACRIFICIOS HUMANOS

La práctica de los sacrificios humanos fue común en todo el México antiguo, donde pueblos como los olmecas, los mayas y los teotihuacanos la ejecutaron durante milenios; por ejemplo, el sacrificio de niños a los dioses de la lluvia está documentado desde los tiempos más remotos de la historia mesoamericana. Pero ninguna civilización parece haber llevado a cabo los sacrificios humanos en una escala equiparable a como lo hicieron los aztecas, que se basaban en la creencia de una relación de reciprocidad entre hombres y dioses que exigía el continuo sacrificio de prisioneros durante los muchos rituales que salpicaban el ciclo anual de las ceremonias. La práctica de la guerra y el posterior sacrificio de los prisioneros se convirtió, de hecho, en el eje de la ideología imperial azteca, para la cual el flujo de prisioneros hacia la capital se convirtió en una especie de metáfora que legitimaba el flujo paralelo de tributos que el ejercicio de la guerra producía en beneficio del Estado.

Según la retórica azteca, morir en el altar de los sacrificios era un fin extremadamente honorable, y entre el guerrero vencedor y su prisionero destinado al sacrificio se establecía una especie de relación ritual semejante a la paterno-filial, caracterizada también por refinadas expresiones poéticas y abundantes metáforas.

Aunque las decenas de miles de víctimas de las que hablan las crónicas españolas son, con mucha probabilidad, fruto de una grave exageración, no hay duda de que muchos centenares de guerreros perdían la vida cada año en el recinto sagrado de Tenochtitlán. La forma de sacrificio más común era arrancarle el corazón al prisionero: se le colocaba de espaldas contra una laja de piedra clavada verticalmente en el suelo (ahora visible, por ejemplo, frente al templo de Huitzilopoch-

tli), y el sacerdote le abría el costado con un cuchillo de sílex u obsidiana para extraerle el corazón, que luego colocaba en el interior de esculturas con forma de águila o jaguar llamadas *cuauhxicalli*, «vasija del águila». En otros casos, se ataba a los cautivos a una piedra y se les entregaban falsas armas, con las que debían defenderse de guerreros aztecas armados con auténticas armas de obsidiana. Mucho menos comunes eran los sacrificios por decapitación, heridas de flecha o muerte en la hoguera.

En muchos casos, se vestía al prisionero como el dios al que se ofrendaba, y los actos rituales asociados al sacrificio intentaban reforzar tal identidad: si era inmolado a Xipe-Tótec, «el desollado», dios de la regeneración de las plantas, era desollado de manera que su piel pudiese vestirla un sacerdote, y si debía ser sacrificado a Tezcatlipoca, vivía un año entero como si fuese el dios, rodeado por una multitud de sirvientes y concubinas. Así pues, cada sacrificio era un trasunto del que, según la mitología azteca, los dioses habían hecho de sí mismos en beneficio de los hombres, y, al mismo tiempo, una manera de «pagar» lo que los hombres debían a los dioses. En algunas ocasiones, el sacrificio terminaba con actos de canibalismo ritual, que muchas veces adoptaban la forma de verdaderos actos de teofagia, es decir, de consumo ritual del cuerpo del dios. Las fuentes coloniales describen estos episodios con sorprendente riqueza de detalles: el franciscano Bernardino de Sahagún nos cuenta, por ejemplo, que el banquete ritual de los comerciantes terminaba con el consumo de la carne de un joven esclavo preparada según normas precisas: «primero cocían el maíz que iban a servir con la carne, y de ésta servían poca, colocada sobre el maíz sin añadir pimienta, sólo sal».

176 - En el códice Durán aparece la escena de un sacrificio humano: el prisionero era obligado a tumbarse de espaldas sobre el altar del sacrificio, donde le sujetaban algunos sacerdotes; el encargado del sacrificio le abría el pecho con un cuchillo de sílex u obsidiana y le arrancaba el corazón, aún palpitante (Biblioteca Nacional, Madrid).

177 - Una de las formas de sacrificio más usuales en la cultura azteca era el autosacrificio de sangre. Esta lápida del periodo posclásico muestra un individuo a punto de perforar su carne con un punzón de hueso que lleva en la mano derecha. Al fondo se observan numerosos corazones humanos (MNA, Ciudad de México).

178 - Los corazones de los cautivos sacrificados se colocaban en los *cuauhxicalli* («vaso del águila»), recipientes en forma de vaso, águila o jaguar (MNA, Ciudad de México).

179 a la izquierda - El *octli* o *pulque* era la bebida ritual azteca; su consumo se reservaba a los nobles, los ancianos y los prisioneros destinados al sacrificio (Museo de Etnología, Viena).

179 a la derecha arriba - Cuchillo de sacrificio con la hoja de calcedonia y el mango en forma de guerrero-águila (Museo Británico, Londres).

179 a la derecha abajo - El Chac Mool es un la estatua de una deidad reclinada que sostiene un recipiente para ofrendas. Ésta, vestida como el dios de la lluvia, sostiene un cuauhxicalli destinado a contener corazones humanos (MNA, Ciudad de México).

Cuando Moctezuma I murió, en 1469, le sucedió Axayácatl («cara de agua»), su sobrino, de 19 años de edad, cuya elección fue apoyada por Nezahualcóyotl, rey de Texcoco. Durante su reinado, el nuevo soberano apenas pudo aprovechar los consejos de Tlacaelel, que falleció poco después de su llegada al poder; ni los de Nezahualcóyotl, que desapareció en 1472, dejando el trono de Texcoco a su hijo Nezahualpilli, de sólo siete años de edad. En el primer año de reinado de Axayácatl, las tropas de Tenochtitlán ya tuvieron que acallar la rebelión de Cotaxtla y, sobre todo, en 1473, se vieron obligadas a mantener una guerra con Tlatelolco, la ciudad gemela de Tenochtitlán; ésta se había confirmado como uno de los principales centros comerciales de México central y era célebre por su gran mercado, que llenó de admiración a los soldados españoles que tuvieron la suerte de verlo. Los ejércitos de Tlatelolco, conducidos por Moquihuix, cuñado de Axayácatl, salieron por fin vencidos de una guerra que, aunque no interrumpió el desarrollo de la ciudad, rubricó el final de su autonomía política.

También los años del reinado de Axayácatl transcurrieron entre continuas campañas militares lanzadas contra las ciudades de Toluca, Tuxpán y Xiquipilco. Pero la campaña más arriesgada fue, sin duda, la que emprendió contra una federación de ciudades situadas en la actual Michoacán, la tierra habitada por los tarascas, fiera y belicosa población de la ribera del lago de Pátzcuaro, donde estaban las ciudades de Tzintzuntzán, Pátzcuaro e Ihuatzio. Cuentan las crónicas que los ejércitos aztecas sufrieron la pérdida de más de veinte mil hombres antes de retirarse a Tenochtitlán, para lamentar la que fue la primera gran derrota de los ejércitos del *excan tlatoloyan*.

Axayácatl murió en 1481 tras doce años de reinado, y la elección del consejo recayó en su hermano Tizoc («pierna sangrienta»). Aunque había desempeñado el cargo de comandante militar, Tizoc es descrito por las fuentes como hombre más dedicado a las prácticas religiosas que a la guerra, una actividad en la que no fue afortunado. Incluso la primera campaña militar, que debería haber abastecido a los aztecas de prisioneros para sacrificar en las ceremonias de la coronación que aún quedaban por celebrar, acabó en una especie de derrota, y los ejércitos mexicas, tras sufrir cuantiosas pérdidas, volvieron de Meztitlán con escasos prisioneros. A pesar de ello, su recuerdo ha sobrevivido ligado a la piedra de Tizoc, un altar de los sacrificios sobre el que están representadas unas escenas de sus conquistas militares sobre cuya realidad existen muchas dudas. Es probable que la piedra de Tizoc se hiciera esculpir durante la nueva remodelación del Templo Mayor que ordenó el desafortunado soberano, cuyo breve reinado terminó en 1486, según algunas fuentes con el asesinato del rey.

180-181 - TIZOC, COMO OTROS SOBERANOS AZTECAS, HIZO ESCULPIR UNA PIEDRA PARA EL SACRIFICIO DE LOS GUERREROS (TEMALACATL), ADORNADA CON IMÁGENES DE LAS CONQUISTAS MILITARES DE SU REINADO (MNA, CIUDAD DE MÉXICO).

EL TEMPLO MAYOR DE MÉXICO-TENOCHTITLÁN

Son numerosas las descripciones coloniales del gran recinto sagrado que se alzaba en el centro de Tenochtitlán y que fue destruido inmediatamente después de la conquista española. En los siglos posteriores, diversos eruditos se esforzaron en identificar, sobre la base de la documentación histórica, la ubicación exacta de los antiguos edificios del templo. En 1790, el encuentro por azar en la plaza central de Ciudad de México de dos de las más célebres esculturas aztecas, la llamada piedra del Sol y la estatua de Coatlicue, la terrorífica madre de Huitchilopochtli, marcó el comienzo de la investigación arqueológica. A principios del siglo XX se hallaron importantes ofrendas que debían estar relacionadas con los templos que, a lo largo de los siglos, fueron cubiertos por los edificios coloniales construidos alrededor de la catedral de Ciudad de México. Por fin, en 1978, durante unos trabajos de excavación para instalar unas conducciones, se encontró una tercera escultura monumental. Representaba una mujer desmembrada cuya identificación fue inmediata: era Coyolxauhqui («la de los cascabeles en las mejillas»), hermana de Huitzilopochtli, que, según el mito, fue asesinada y descuartizada por su hermano en el momento de su milagroso nacimiento y arrojada luego a los pies de Coatepec, «la montaña de la serpiente». El indicio era clarísimo: si la pirámide que sostenía el templo de Huitzilopochtli era una réplica del mítico Coatepec, la escultura debía estar exactamente al pie de la pirámide. Por aquel hallazgo casual comenzó entonces uno de los más grandes proyectos arqueológicos de la historia mexicana, que en casi treinta años de trabajo ha sacado a la luz las ruinas del *Huey Teocalli*, el Templo Mayor, hoy día visible al lado de la catedral.

Las excavaciones han identificado siete fases de remodelación del templo, fechadas entre 1325 y 1521, que se corresponden con bastante exactitud con las mencionadas en las crónicas coloniales y atribuidas a los soberanos aztecas. A lo largo de dichas remodelaciones, el Templo Mayor conservó la misma estructura: una pirámide doble en cuya cúspide estaban los templos de Tláloc, dios de la lluvia, y Huitzilopochtli, dios tutelar de los mexicas. Se trataba de una especie de manifestación monumental de la «doble identidad» azteca, en la que se encontraban la antigua tradición mesoamericana, representada por Tláloc, y las nuevas aportaciones del norte, personificadas en Huitzilopochtli. Las dos divinidades representaban también los dos ámbitos cósmicos opuestos del universo azteca: Tláloc era el dios que dominaba las fuerzas infraterrenales del agua y la fertilidad, y Huitzilopochtli, en calidad de dios solar y guerrero, representaba las fuerzas del mundo celeste. La excavación del Templo Mayor no sólo ha sacado a la luz estructuras monumentales: los hallazgos más extraordinarios fueron los cen-

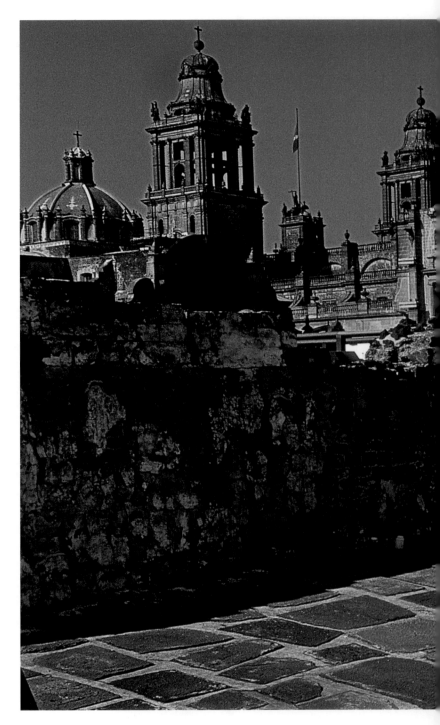

tenares de urnas con ofrendas que se colocaron con motivo de las remodelaciones o de ocasiones rituales especiales. Las enterradas bajo el templo de Huitzilopochtli contenían elementos relacionados principalmente con la actividad bélica, como las extraordinarias máscaras hechas con cráneos humanos o los cuchillos de sacrificio de sílex; las del templo de Tláloc contenían objetos simbólicamente asociados al mundo acuático, como conchas, piedras verdes o esqueletos de caimán. En Tláloc también se encontró una ofrenda consistente en un extraordinario traje de sacerdote de papel y un cesto con los esqueletos de 42 niños sacrificados para propiciar la llegada de las lluvias, según una antigua costumbre mesoamericana. Junto a la pirámide principal se encuentran los restos de otros edificios importantes, como el Templo Rojo, el gran *tzompantli* mo-

numental y la extraordinaria casa de las Águilas, un recinto sagrado dedicado a la celebración de ritos asociados a la guerra: además de dos espléndidas estatuas de terracota que representan guerreros-águila, el recinto contiene bancos policromados semejantes a los de Tula, decorados con filas de guerreros que confluyen en el *zacatapayolli*, la bola de heno donde se clavaban las espinas ensangrentadas del autosacrificio. En un edificio adyacente se encontraron dos estatuas de terracota del dios de la muerte, Mictlantecuhtli, representado en forma de esqueleto con el hígado colgando de un costado, las uñas largas y flores en la cabeza que sostienen largos cabellos humanos (de hecho, las uñas y el cabello continúan creciendo algún tiempo tras la muerte). Imágenes semejantes aparecen en los códices coloniales, donde son objeto de macabros ritos en los

que aparecen efectuando aspersiones de sangre; el análisis químico de la estatua ha confirmado los datos de los códices, que afirman que son restos de sangre humana, con la que se salpicaba la estatua durante los sacrificios rituales. Estas estatuas, además de la extraordinaria serie de objetos encontrada entre las ofrendas del Templo Mayor, son visibles ahora en el espléndido Museo del Templo Mayor, contiguo a las ruinas.

182 - EL TEMPLO MAYOR ESTÁ DECORADO CON ESCULTURAS DE SERPIENTES.

182-183 - EL *TZOMPANTLI*, DONDE SE COLOCABAN LOS CRÁNEOS DE LOS PRISIONEROS SACRIFICADOS.

183 ARRIBA - CHAC MOOL POLICROMO FRENTE AL TEMPLO DE TLÁLOC.

183 ABAJO - BANCO DE LA CASA DE LAS ÁGUILAS, CON BAJORRELIEVES POLICROMOS.

184 - En la Casa de las Águilas se encontraron espléndidas estatuas de terracota que representan guerreros-águila vestidos con trajes de plumas y con el típico yelmo en forma de pico de ave rapaz (Museo del Templo Mayor, Ciudad de México).

185 - En 1790, cerca de la plaza central de Ciudad de México, se halló la estatua colosal de la diosa Coatlicue, «la de la falda de serpientes», madre de Huitzilopochtli. Forman su cabeza dos serpientes enfrentadas (MNA, Ciudad de México).

Los aztecas compartían con los demás pueblos mesoamericanos algunos conceptos cosmológicos básicos, como la dualidad cósmica fundamental que oponía las fuerzas cálidas, luminosas, secas y masculinas del cielo a las frías, oscuras, húmedas y femeninas del inframundo. De hecho, según los aztecas, el cosmos está constituido por tres ámbitos cósmicos (nueve niveles celestiales, cuatro terrenales y nueve del inframundo) conectados entre sí por cinco pilastras o árboles situados en las esquinas y el centro del mundo y por cuyos troncos discurren las esencias divinas que actúan en la Tierra. También la esencia sutil y espiritual de los hombres puede moverse por el interior de esos troncos para pasar de un nivel a otro, como sucede, por ejemplo, durante el trance inducido por los autosangrados rituales o la ingestión de sustancias alucinóge-

nas. La continua influencia de las numerosas entidades divinas que poblaban el cosmos azteca se conceptualizaba mediante los diversos calendarios fundados en una concepción cíclica del tiempo, y se reconocía también en la creencia en la sucesión de varias eras cósmicas, o «soles», sometidas a un ciclo de creaciones y destrucciones. Es sabido que los aztecas afirmaban que vivían en el «Quinto Sol», llamado «Movimiento», cuya creación había tenido lugar en Teotihuacán, donde los dioses se habían reunido y sacrificado para crear y poner en movimiento el nuevo astro del cielo.

Realizar una descripción sintética de los dioses aztecas es una empresa difícil: las divinidades se concebían como constituidas por una esencia sutil, imperceptible y siempre mutable por la que podían manifestarse bajo numerosas formas, cuyos

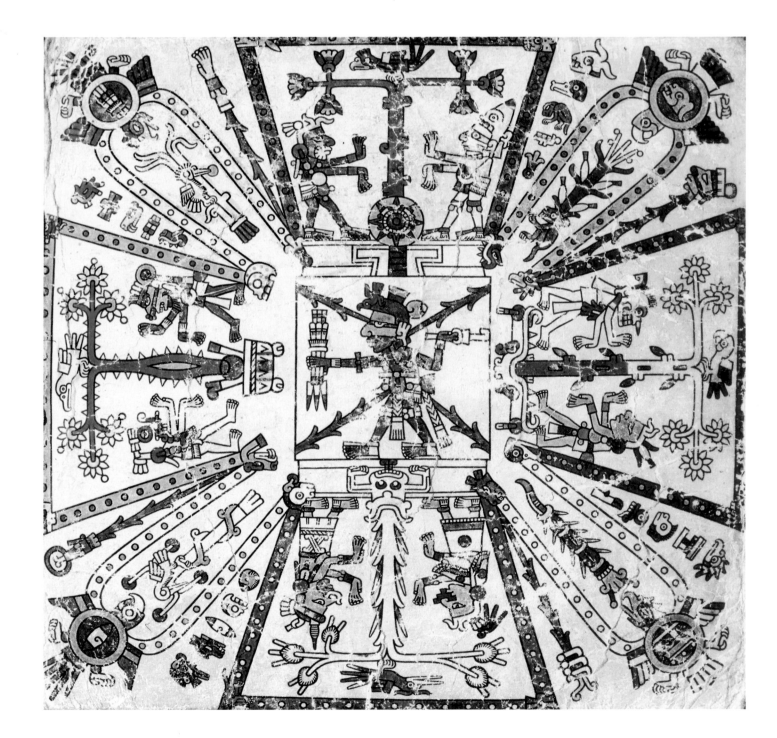

límites son difíciles de distinguir. En algunos casos, los textos hablan del que parece ser una especie de dios único y supremo llamado Ometéotl («dios dual»), compuesto por la unión de una entidad masculina y otra femenina; pero, en otros casos, el mundo sobrenatural azteca se fragmenta en centenares de dioses con identidades mutables y evanescentes que pueden reunirse en grupos de dioses. Entre las divinidades terrestres de la fertilidad se hallaba Tláloc («el que está hecho de barro»), dios de la lluvia, y su réplica femenina Chalchiuhtlicue («la de la falda de jade»), además de Tlatecuhtli («señor de la tierra»), divinidad telúrica de carácter andrógino, y una serie de diosas femeninas de la tierra, como Cihuacóatl («serpiente mujer») o Tonantzin («nuestra roble madre»). Entre los dioses del maíz y de los ciclos de la naturaleza se contaban Cintéotl («dios del maíz»), Chicomecóatl («siete serpientes»), Xochipilli («príncipe de las flores») y Xipe-Tótec («el desollado»), dios de la transformación y la regeneración vegetal. Las divinidades celestes estaban dominadas por Huitzilopochtli («colibrí del sur»), dios tutelar mexica, que asumía muchos rasgos del dios solar Tonatiuh y de Quetzalcóatl, la Serpiente Emplumada, dios supremo del cielo en los siglos anteriores. Estrechamente ligadas al ciclo mítico de Huitzilopochtli estaban la diosa madre Coatlicue («la de la falda de serpientes») y la diosa lunar Coyolxauhqui («la de los cascabeles en las mejillas»), hermana del dios, por cuya mano pereció y fue descuartizada. En el centro del universo se sentaba Xiuhtecuhtli («señor precioso»), dios del fuego y del tiempo, que se manifestaba también como Huehuetéotl, el «dios viejo», sobre cuya cabeza se apoyaba el brasero donde ardía el fuego del templo. Finalmente, hay que mencionar a Tezcatlipoca («espejo humeante»), dios de la noche y del destino, que ocupaba un lugar preponderante en el panteón azteca.

186 - LA PRIMERA PÁGINA DEL CÓDICE FEJÉRVÁRY-MAYER ES COSMOGRAMA CUATRIPARTITO. CADA UNA DE LAS CUATRO DIRECCIONES LLEVA ASOCIADOS DIOSES, ÁRBOLES CÓSMICOS Y SIGNOS DEL CALENDARIO. EN EL CENTRO DE LA PÁGINA ESTÁ XIUHTECUHTLI, EL DIOS QUE PRESIDE EL CENTRO DEL UNIVERSO (WORLD MUSEUM, LIVERPOOL).

187 A LA IZQUIERDA - EN ESTA ESTATUA SE FUSIONAN LOS CARACTERES DE HUITZILOPOCHTLI, DIOS PRINCIPAL DE LOS AZTECAS, Y DE XIUHTECUHTLI, «SEÑOR DEL AÑO» Y DIOS DEL FUEGO (MNA, CIUDAD DE MÉXICO).

187 A LA DERECHA - EN LA PARTE SUPERIOR DE ESTA PÁGINA DEL CÓDICE FEJÉRVÁRY-MAYER APARECEN XIPE-TÓTEC (A LA IZQUIERDA), DIOS DE LA REGENERACIÓN, CUYO NOMBRE SIGNIFICA «NUESTRO SEÑOR EL DESOLLADO», Y EL DIOS DE LA LLUVIA, TLÁLOC (A LA DERECHA) MIENTRAS AYUDAN AL CRECIMIENTO DE PLANTAS DE MAÍZ CON FORMA HUMANA (WORLD MUSEUM, LIVERPOOL).

188 - El rostro del dios de la lluvia está representado en este jarrón de piedra policroma hallado en el templo de Tenochtitlán, en el interior de una ofrenda a Tláloc. Éste ra uno de los más antiguos e importantes dioses mesoamericanos, al que se reconoce por sus dientes prominentes y por los círculos alrededor de los ojos (Museo del Templo Mayor, Ciudad de México).

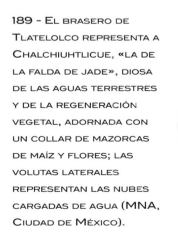

189 - EL BRASERO DE
TLATELOLCO REPRESENTA A
CHALCHIUHTLICUE, «LA DE
LA FALDA DE JADE», DIOSA
DE LAS AGUAS TERRESTRES
Y DE LA REGENERACIÓN
VEGETAL, ADORNADA CON
UN COLLAR DE MAZORCAS
DE MAÍZ Y FLORES; LAS
VOLUTAS LATERALES
REPRESENTAN LAS NUBES
CARGADAS DE AGUA (MNA,
CIUDAD DE MÉXICO).

190 - CIHUACÓATL, «MUJER SERPIENTE», AQUÍ VESTIDA CON UN MANTO EN FORMA DE SERPIENTE EMPLUMADA, ERA UNA DIOSA MADRE DE CARÁCTER TELÚRICO, ASOCIADA A LA FERTILIDAD Y AL CUIDADO DE LOS ESPÍRITUS DE LOS DIFUNTOS (MNA, CIUDAD DE MÉXICO).

191 A LA IZQUIERDA - EL DIOS DEL VIENTO EHÉCATL, IDENTIFICADO POR SU MÁSCARA BUCAL EN FORMA DE PICO, ERA UNA MANIFESTACIÓN DE QUETZALCÓATL; BAJO ESTA FORMA PRECEDÍA LA LLEGADA DE LAS LLUVIAS SOPLANDO LOS VIENTOS CON SU «PICO» (MNA, CIUDAD DE MÉXICO).

191 A LA DERECHA - CHALCHIUHTLICUE, «LA DE LA FALDA DE JADE», DIOSA DE LAS AGUAS TERRESTRES Y RÉPLICA FEMENINA DE TLÁLOC, DIOS DE LA LLUVIA (MUSEO DE AMÉRICA, MADRID).

192 - Xochipilli, el «príncipe de las flores», era una deidad asociada a las flores, las plantas, la danza y la música. El trono sobre el que se sienta está adornado con la imagen de una mariposa que liba el néctar de una flor, y su cuerpo está cubierto de imágenes de vegetales, entre los que se han identificado algunas especies alucinógenas (MNA, Ciudad de México).

193 - Esta imagen de terracota del dios murciélago, de más de dos metros y originalmente pintada de negro, fue encontrada en el valle de México, pero es posible que proviniese de la zona de Oaxaca, donde el culto al dios murciélago, asociado a la noche y al inframundo, estaba muy extendido (Museo del Templo Mayor, Ciudad de México).

A Tizoc le sucedió su hermano menor, Ahuízotl («perro de agua»), un soberano que demostró muy pronto una gran capacidad militar al someter Xiquipilco y Xilotepec durante una campaña militar en la Huasteca, región en otro tiempo conquistada por Axayácatl, pero que, como solía suceder con las «provincias» aztecas, se había rebelado contra el gobierno mexica. Tras su victorioso retorno de la guerra, Ahuízotl se dedicó a la inauguración del nuevo Templo Mayor, cuyos trabajos de restauración iniciara Tizoc. Las descripciones de la ceremonia son grandiosas y sobrecogedoras: un total de 84.000 prisioneros sacrificados, una cifra verdaderamente excesiva. Debió de constituir un acontecimiento excepcional, dirigido a confirmar el renacimiento de la potencia mexica y a impresionar a los numerosos señores extranjeros invitados para la ocasión.

Después de la gran inauguración, Ahuízotl volvió a dedicarse a la guerra: conquistó nueve provincias occidentales en los límites con el dominio tarasca, y luego continuó su expansión a lo largo de la costa del Pacífico de los actuales estados de Guerrero y Oaxaca hasta llegar casi al istmo de Tehuantepec. En 1500, Ahuízotl organizó la más ambiciosa expedición de conquista del imperio azteca, dirigida esta vez hacia el Soconusco, una lejana región de la costa pacífica de Chiapas conocida por ser la mayor productora de cacao de Mesoamérica. Aunque, en lo militar, el reinado de Ahuízotl estuvo lleno de éxitos, el soberano afrontó un gran fracaso en el ámbito de la ingeniería: la construcción de un nuevo acueducto que llevaba a Tenochtitlán las aguas de Coyoacán tuvo un efecto desastroso, causando la inundación de la ciudad y la destrucción de grandes extensiones de campos cultivados. La reconstrucción posterior cambió otra vez el rostro de la urbe, que, según las fuentes, quedó más espléndida que nunca.

A la muerte de Ahuízotl, en 1502, fue elegido Moctezuma Xocoyotzin («el joven»), hijo de Axayácatl, que habría de hacerse tristemente famoso como protagonista de la derrota azteca frente a los españoles. Después de proceder a im-

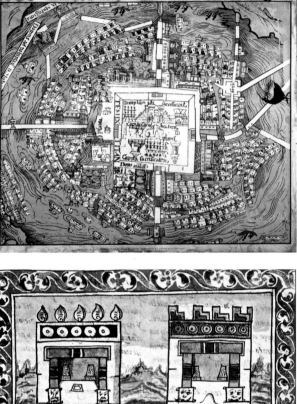

portantes sustituciones entre los más altos cargos del Estado, Moctezuma comenzó las tradicionales campañas militares que cada soberano debía cumplimentar, y realizó muchas conquistas nuevas en Oaxaca, Guerrero y la costa del golfo. También tuvo que reemprender la tradicional hostilidad con Tlaxcala y Huexotzingo, las dos ciudades del valle de Puebla. Tlaxcala que nunca se sometieron al dominio azteca y que, después de diversas vicisitudes, consiguieron, una vez más, mantener su independencia. Aunque, antes de la guerra, Huexotzingo era la ciudad más importante de la región, después de finalizar las hostilidades (que también incluyeron enfrentamientos entre ambas ciudades) Tlaxcala se afirmó como la mayor potencia regional y principal adversario de Tenochtitlán, una condición que iba a adquirir capital importancia durante la conquista española.

A pesar del fracaso de las campañas militares en la zona de Tlaxcala, el reinado de Moctezuma constituyó un periodo de consolidación del imperio, muy necesario después de la expansión territorial llevada a cabo por su predecesor. A Tenochtitlán afluían tributos desde muchas provincias, y la capital se había convertido en una de las más grandes y ricas de la historia mesoamericana: se calcula que las dos ciudades gemelas de Tenochtitlán y Tlatelolco ocupaban un área de más de 13 kilómetros cuadrados y estaba habitada por más de 200.000 personas. Todas las casas daban a calles flanqueadas por canales, y la zona urbana se extendía, solitaria, en las aguas del lago Texcoco, unida a la tierra firme por cuatro grandes calzadas construidas sobre terraplenes. En el centro de ambas ciudades se alzaban los templos de los dos recintos sagrados, y la gran plaza de Tlatelolco estaba ocupada por uno de los mayores mercados de la antigüedad. Así pues, bajo Moctezuma, el imperio azteca alcanzó su máximo esplendor, y no sabemos cuál habría sido su evolución si no hubiese ocurrido lo inimaginable: la llegada de nuevos, poderosos y desconocidos enemigos que desembarcaron en las costas orientales del imperio.

194 ARRIBA - ESTE PLANO DE
TENOCHTITLÁN, SITUADA EN EL LAGO
TEXCOCO, ILUSTRABA UNA CARTA QUE
HERNÁN CORTÉS ENVIÓ A CARLOS V
(MUSEO DE CIUDAD DE MÉXICO).

194 ABAJO - EL RECINTO SAGRADO DE
TENOCHTITLÁN, DOMINADO POR LAS DOS
PIRÁMIDES GEMELAS DEL TEMPLO
MAYOR, EN EL CÓDICE DURÁN
(BIBLIOTECA NACIONAL, MADRID).

195 - EL CÓDICE DURÁN REPRESENTA
LA CORONACIÓN DE MOCTEZUMA II, QUE
RECIBIÓ LA DIADEMA REAL DE LOS
SOBERANOS DE LA TRIPLE ALIANZA
(BIBLIOTECA NACIONAL, MADRID).

EL MERCADO DE TLATELOLCO Y LOS POCHTECA

En la ciudad de Tlatelolco se organizaba el principal mercado de la antigua Mesoamérica, detalladamente descrito por unas fuentes coloniales en las que se puede leer la admiración que experimentaron los primeros españoles ante un área comercial tan grande y concurrida. En una de las cartas que envió a Carlos V tras su primera visita a la ciudad, el propio Cortés escribió: «Hay otra plaza que es dos veces la de Salamanca, toda rodeada de soportales, adonde cada día llegan sesenta mil almas a vender y comprar, pues hay aquí mercancías de todas

paseaban por el mercado elegantemente vestidos y a los que se reconocía por su característico abanico y por las armas que llevaban, pues los demás ciudadanos tenían prohibido entrar armados en el mercado.

Estos comerciantes-guerreros pertenecían al grupo de los pochteca, los grandes mercaderes que constituían una de las clases privilegiadas de la sociedad azteca. Al estar encargados de la gestión del comercio a larga distancia, no sólo proveían al *tlatoani* y a la alta aristocracia de bienes exóticos y precio-

las clases que se encuentran en estas tierras». Además de las dimensiones del mercado de Tlatelolco, otro particular que sorprendió a los conquistadores fue su perfecto orden. Las mercancías estaban distribuidas por zonas que se reservaban a los vendedores de animales, de alimentos, de hierbas medicinales, de colorantes para tintoreros y pintores, de cerámica, de tejidos, de esclavos y de ropas y joyas para la aristocracia. En Mesoamérica no se conocía la moneda, y por eso las transacciones se hacían por el procedimiento del trueque, o bien utilizando alguna mercancía como «unidad de cambio»: tal era el caso de las semillas de cacao, el polvo de oro o las pequeñas azuelas de cobre. Como aún sucede en numerosos mercados mexicanos, no se vendía al peso, sino por cantidades, que a menudo se determinaban utilizando recipientes de tamaños estándar.

La plaza del mercado se hallaba bajo la autoridad de tres jueces que dirimían las disputas relativas al precio o la calidad de los productos. En caso de necesidad, dichos jueces podían contar con la ayuda de algunos comerciantes-guerreros, que

sos, sino que también actuaban con frecuencia como embajadores-espías que informaban al soberano de la situación política en las tierras alejadas de la capital. En estas expediciones, los pochteca iban acompañados por comerciantes-guerreros armados y, en muchos casos, su trabajo era tan apreciado como el de los guerreros dedicados a las campañas de conquista. Los pochteca tenían también su propio dios protector, Yacatecuhtli («el que va antes»), al que se le reconoce tanto por el hato que acarrea, lleno de mercancías, como por el característico abanico, elemento distintivo de la indumentaria de los pochteca. La riqueza que éstos podían acumular durante su vida está bien expresada en las descripciones que el franciscano Bernardino de Sahagún nos ha dejado de los banquetes que los mercaderes ofrecían al regreso de sus expediciones: se trataba de banquetes suntuosos que duraban varios días, durante los cuales el organizador ofrecía ingentes cantidades de comida a numerosos convidados, y que concluían, como otros muchos, con la muerte y el consumo de un esclavo comprado a tal efecto.

196 - Dos comerciantes frente al *tlatoani* azteca. Los comerciantes llevan a la espalda el *cacaxtli*, la típica «mochila» sostenida por una banda frontal en la que transportaban las mercancías, en este caso plumas (Biblioteca Medicea Laurenziana, Florencia).

197 a la izquierda arriba - El *tlatoani* Moctezuma II recibe tributos de un emisario de una provincia sometida. En la ilustración del códice Florentino aparecen algunas de las mercancías que eran objeto más habitual de comercio: tejidos, escudos, gorros y vestidos hechos con pieles de animal y plumas lujosas (Biblioteca Medicea Laurenziana, Florencia).

197 a la derecha arriba - Los abanicos circulares de lujosas plumas eran típicos del atuendo de los pochteca, ricos comerciantes de la sociedad azteca (Museo de Etnología, Viena).

197 izquierda abajo - El arte plumaria era una de las actividades artísticas del México antiguo; códice Florentino (Biblioteca Medicea Laurenziana, Florencia).

Desde el comienzo del siglo XVI, las naves españolas que se movían entre los territorios antillanos de La Española, Cuba, Jamaica y Panamá mantuvieron contactos esporádicos con algunas poblaciones mesoamericanas, en particular en la península de Yucatán. Por ejemplo, en 1511 el naufragio de un barco español llevó a dos marineros, Gonzalo Guerrero y Jerónimo de Aguilar, a vivir entre los mayas yucatecas, acontecimiento que iba a ser determinante en el desarrollo de las primeras fases de la conquista. Pocos años después se organizaron las primeras expediciones expresamente dirigidas a la exploración de la costa yucateca, como las de Francisco Hernández de Córdoba (1517) y Juan de Grijalva (1518), cuyas noticias llegaron hasta la corte de Moctezuma.

La expedición que cambió para siempre el curso de la historia de los aztecas y de todos los demás pueblos mesoamericanos se organizó en 1519, cuando 20 naves al mando de Hernán Cortés, con su carga de seiscientos hombres, cañones y caballos, alcanzaron la isla de Cozumel, desde donde prosiguieron hacia la costa yucateca. Informado por los indígenas de la presencia de dos blancos, Cortés consiguió llevar consigo a Jerónimo de Aguilar, mientras que Gonzalo Guerrero, para entonces casado y bien integrado en una aldea maya, rehusó seguir a las tropas españolas. El encuentro con Aguilar fue de capital importancia para Cortés: el marinero hablaba el maya yucateca y podía actuar como intérprete. En las costas del Golfo de México un grupo de nobles locales regaló a Cortés unas mujeres, entre las que estaba la india Malintzin, que hablaba correctamente náhuatl y maya; así pues, el español, utilizando a los intérpretes, se encontró inmediatamente en condiciones de comprender dos de las principales lenguas de Mesoamérica. Malintzin, llamada doña Marina por los españoles y que pasó a la historia con el nombre de Malinche, aprendió también español y pronto se convirtió en amante de Cortés, desempeñando, a partir de entonces, un papel clave en el desarrollo de la conquista.

En esta ocasión, el desembarco español cerca de la actual Veracruz no pasó inadvertido a los aztecas, que enviaron embajadores para recibir y observar a los recién llegados. Muchas fuentes, tanto indígenas como europeas, sostienen que Moctezuma creyó que Cortés era un dios, en concreto el dios Quetzalcóatl, que regresaba de Oriente, tal y como había prometido al terminar su larga peregrinación desde Tollán. Tal identificación, de la que habla el propio Cortés en sus cartas al rey de España, podría haber sido alimentada en épocas posteriores, cuando comenzaron a proliferar las historias de que la llegada de los españoles había sido anunciada con signos y presagios. Como quiera que fuese, el relato que los informadores indígenas hicieron a Bernardino de Sahagún de aquel primer encuentro es extraordinariamente interesante: según los textos náhuatl recogidos por el franciscano, los embajadores se presentaron a Cortés llevando los trajes de los principales dioses aztecas y lo vistieron con el de Quetzalcóatl; por toda respuesta, Cortés los mandó atar y ordenó que se efectuaran algunos disparos de artillería, lo que les aterrorizó. Después les ofreció comida europea y vino e intentó hacerlos combatir, pero ellos se negaron categóricamente. De regreso ante Moctezuma, los embajadores (que antes de ver al soberano recibieron aspersiones de sangre humana) contaron lo que habían visto: las armas, los caballos y la comida que habían probado. Atemorizado por la narración, Moctezuma consultó a los adivinos y decidió enviar nuevos embajadores, esta vez con ofrendas de comida, para conocer la verdadera naturaleza de los recién llegados. El rey mandó presentar a los españoles alimentos «humanos», como tortillas de maíz y frutas, junto con manjares «divinos», como tortillas regadas con sangre humana, para que la elección de los españoles le revelase su condición. La muy humana reacción de los españoles, horrorizados ante la comida ensangrentada, no tranquilizó a Moctezuma, que, inútilmente, envió magos y hechiceros para tratar de cerrar el paso a los recién llegados.

198 - JUAN DE GRIJALVA DESEMBARCÓ EN LA COSTA YUCATECA EN 1518; FUE UNO DE LOS PRIMEROS CAPITANES ESPAÑOLES QUE EXPLORARON LAS COSTAS MESOAMERICANAS. ESTA PINTURA DE LOS SIGLOS XVIII-XIX ESTÁ REALIZADA EN COBRE A PARTIR DE UN GRABADO DE A. SOLÍS Y RIVADENEYRA DE 1684 (MUSEO DE AMÉRICA, MADRID).

199 - PINTURA EN COBRE, TOMADA, COMO LA ANTERIOR, DE UN GRABADO DE A. SOLÍS Y RIVADENEYRA, CON LA RECONSTRUCCIÓN DEL ENCUENTRO DE CORTÉS CON LOS EMBAJADORES DE MOCTEZUMA II, UN EPISODIO DESCRITO CON DETALLE POR MUCHAS FUENTES ANTIGUAS ESPAÑOLAS E INDÍGENAS (MUSEO DE AMÉRICA, MADRID).

200 ARRIBA A LA IZQUIERDA - LAS CRÓNICAS COLONIALES DAN NOTICIAS DE LOS PRESAGIOS QUE HABRÍAN PRECEDIDO A LA LLEGADA DE LOS ESPAÑOLES A MESOAMÉRICA, ENTRE ELLOS UN COMETA, QUE SE VIO EN 1519.

200 ARRIBA A LA DERECHA - MOCTEZUMA II SE RETIRA A UN PALACIO TRAS EL DESEMBARCO ESPAÑOL.

200 ABAJO A LA IZQUIERDA - CORTÉS SE ENCUENTRA CON LOS REYES DE LA

TRIPLE ALIANZA EN LAS CERCANÍAS DE TENOCHTITLÁN.

200 ABAJO A LA DERECHA - UN EMISARIO DE MOCTEZUMA II CONTEMPLA EL DESEMBARCO ESPAÑOL.

Los españoles comenzaron su avance hacia el interior, y, con la ayuda de Malinche, pronto captaron la insatisfacción de muchas ciudades sometidas al dominio azteca, y, sobre todo, la antigua rivalidad con la ciudad de Tlaxcala; aquí fueron los vencedores en una batalla que no sólo les permitió conseguir una sólida alianza, sino también procurarse un considerable contingente militar indígena de apoyo. Muy pronto dieron también muestras de su crueldad ejecutando una enorme masacre en la ciudad sagrada de Cholula. Así, seguidos por miles de guerreros tlaxcaltecas y precedidos por una triste fama, los españoles llegaron por fin a la vista de Tenochtitlán y se adentraron por el camino que transcurría sobre un terraplén que atravesaba las aguas del lago Texcoco y unía la península de Ixtapalapa con la capital. Son famosas las palabras de Bernal Díaz del Castillo, testigo presencial y cronista-soldado de la conquista: «Desde que vimos tantas ciudades y pueblos en el agua, y sobre la tierra firme otras grandes ciudades, y aquel camino tan recto y llano que iba a México, quedamos admirados y decíamos que se asemejaban a las cosas y los encantamientos que se relatan en el libro del Amadís [de Gaula], por las grandes torres y templos y edificios que estaban en el agua, todos de piedra y cal. Algunos de nuestros soldados se preguntaban si aquello que veíamos era un sueño.» Mientras los españoles avanzaban por el camino, rodeados por miles de canoas que acudían a ver a aquellos extraños hombres dotados de armaduras y caballos, Moctezuma salió a su encuentro. Acompañado por los señores de Texcoco, Tlacopán, Ixtapalapa y Coyoacán, el soberano caminaba bajo un parasol de plumas, oro y jade mientras otros nobles barrían el suelo ante él y colocaban mantas de algodón para que sus pies, calzados con sandalias con suelas de oro, no tocasen la tierra. Moctezuma acogió a los extranjeros, los invitó a la ciudad y los alojó en lo que había sido el palacio real de Axayácatl. Pero los españoles no tardaron en encerrarlo en el palacio junto a ellos, con la intención de tomar el control político de la ciudad, aún formalmente gobernada por el legítimo rey.

Mientras sucedía todo esto, un millar de soldados españoles desembarcaban en Veracruz al mando de Pánfilo de Narváez, enviado por el gobernador de Cuba, Diego Velázquez, para detener la expedición de Cortés y asumir el control de la conquista. Cortés, enterado del desembarco, delegó el mando en Pedro de Alvarado y se dirigió al golfo con un grupo de soldados, con los que consiguió sorprender a sus adversarios y derrotarlos. En lugar de ser detenido, Cortés volvió a Tenochtitlán con un ejército mucho mayor, pues consiguió llevar consigo a muchos soldados de Narváez. Pero, al llegar a la capital, Cortés encontró una situación inesperada: Pedro de Alvarado, temiendo una conspiración, había ordenado una masacre de nobles y las tropas españolas estaban asediadas por los amotinados indígenas. Durante la sublevación había sido asesinado el propio Moctezuma, según algunos por una piedra lanzada por la multitud que el soberano intentaba calmar. La noche del 30 de julio de 1520, la célebre Noche Triste, los españoles tuvieron que huir de Tenochtitlán sufriendo cuantiosas pérdidas, hasta conseguir refugiarse en Tlacopán y luego en Tlaxcala. Allí, Cortés reorganizó sus fuerzas y se dedicó a la conquista de varias ciudades y a la preparación del asedio de Tenochtitlán, gobernada primero por Cuaitláhuac («excremento seco»), hermano de Moctezuma, y luego por Cuauhtémoc («águila que desciende»), hijo de Ahuítzotl y verdadero héroe de la resistencia indígena. Gracias a la construcción de bergantines, los españoles asediaron la ciudad, la rindieron por hambre y aplastaron la última resistencia en la célebre batalla de Tlatelolco, el 13 de agosto de 1521, fecha que marca el final del Estado azteca y de la historia independiente de los pueblos indígenas de Mesoamérica. Tenochtitlán, donde los templos dejaron su espacio a las iglesias católicas, no tardó en transformarse en Ciudad de México, capital primero del virreinato de Nueva España y luego de la República Mexicana. Al contemplar hoy en día la inmensa metrópoli que se extiende hasta donde alcanza la vista en el pesado aire del valle de México, ya casi totalmente privada de sus antiguos lagos, es difícil imaginar la antigua capital azteca sobre cuyas cenizas nació la moderna megalópolis. Sin embargo, al observar con atención sus monumentos, se distinguen las huellas del pasado prehispánico y de siglos de ese mestizaje biológico y cultural que se ha convertido en la auténtica bandera de la identidad nacional mexicana. En ese sentido, son elocuentes las palabras escritas en una lápida erigida en la plaza de Tlatelolco: «El 13 de agosto de 1521, heroicamente defendida por Cuauhtémoc, Tlatelolco cayó en manos de Hernán Cortés. No fue una victoria ni una derrota, sino el doloroso nacimiento del pueblo mestizo del México moderno.»

202 - Los cuerpos de Itzquauhtzin y Moctezuma II fueron arrojados desde los muros del palacio real; códice Florentino (Biblioteca Medicea Laurenziana, Florencia).

203 a la izquierda - Las tropas españolas, bajo el mando de Pedro de Alvarado, fueron atacadas y obligadas a huir de Tenochtitlán en la Noche Triste; códice Durán (Biblioteca Nacional, Madrid).

203 a la derecha arriba - Los feroces combates que siguieron al asedio de Tenochtitlán provocaron enormes masacres; códice Durán (Biblioteca Nacional, Madrid).

203 a la derecha abajo - Soldados tlaxcaltecas, adversarios de Tenochtitlán, combatieron junto a los españoles en la conquista de Colhuacán. Códice Tlaxcala (MNA, Ciudad de México).

Acolhuatecuhtli: «señor de los acolhua», título que ostentaba el *tlatoani* de Texcoco.

Ahuítzotl: «perro de agua», octavo *tlatoani* mexica (1486-1502).

Axayácatl: «cara de agua», nombre del sexto *tlatoani* mexica (1469-1481).

Aztecas: del náhuatl «aztecah», habitante de Aztlán, el mítico lugar de origen. Aunque el término se usa hoy día para denominar al pueblo que dominaba México central a la llegada de los españoles, tal empleo es impropio; ellos se llamaban a sí mismos «mexica», es decir, «los de Mexi», y reservaban el nombre de azteca para los habitantes de Aztlán, de los que se separaron al principio de la migración que los condujo a México central. En el presente texto se emplea el término azteca para indicar a todos los pueblos de lengua náhuatl de México central, reservando el de mexica para los habitantes de la ciudad de México.

Aztlán: «lugar de la blancura», nombre de la isla de la que partió la migración que condujo a los mexica hasta México central. Entre los mexicanos que viven en Estados Unidos, Aztlán se identifica con el Sureste norteamericano y se ha convertido en uno de los símbolos cardinales de sus reivindicaciones identitarias.

Ben Zaa: voz zapoteca que puede traducirse como «pueblo de las nubes», nombre con el que los zapotecas se designaban a sí mismos.

Cacaxtli: voz náhuatl que indica el fardo o «zaino» que usaban los mercaderes mesoamericanos.

Calmecac: nombre de la escuela frecuentada por los jóvenes nobles aztecas.

Calpuleque: miembros plebeyos de un *calpulli* que pagaban tributo al *tlatoani*.

Calpulli o calpolli: unidad territorial y parental de carácter corporativo, que constituía la célula fundamental del sistema social azteca.

Calpultéotl: «dios del calpulli», divinidad protectora del calpulli.

Ce Acatl Topiltzin: «nuestro señor uno caña», nombre del mítico soberano de Tollán, cuya figura se confunde con la del Quetzalcóatl, de la que el rey era sacerdote.

Chalchiuhtlicue: «la de la falda de jade», diosa azteca de las aguas terrestres.

Chichimecatecuhtli: «señor de los chichimecas», título que ostentaba el soberano de Texcoco.

Chichimecatlalli: «tierra de los pueblos del perro», nombre con el que los aztecas se referían a las tierras habitadas por los pueblos del norte.

Chicomecóatl: «siete serpientes», divinidad femenina del maíz.

Chicomóztoc: «las siete grutas», mítico lugar de origen de los aztecas y otros pueblos de México central.

Chimalli: nombre náhuatl del escudo usado por los guerreros aztecas.

Chimalpopoca: «escudo humeante», nombre del tercer *tlatoani* mexica (1397-1427).

Cihuacóatl: «serpiente mujer», es tanto el nombre de una diosa madre azteca como el título de la segunda dignidad del estado azteca.

Cihuateteo: «mujer divina», nombre de las mujeres que morían de parto y se transformaban en espíritus peligrosos y colmados de poder.

Cintéotl: «dios del maíz» azteca.

Coatepantli: «muro de serpientes», se refiere al muro que rodeaba el área sagrada de algunas ciudades mesoamericanas.

Coatepec: «montaña de la serpiente», mítico lugar donde tuvo lugar el nacimiento de Huitzilopochtli.

Coyoxauhqui: «la de los cascabeles en las mejillas», diosa lunar azteca, hermana de Huitzilopochtli.

Cuauhtémoc: «águila que desciende», undécimo *tlatoani* mexica (1496-1521), líder de la resistencia azteca, que fue definitivamente derrotado en la batalla de Tlatelolco.

Cuauhxicalli: «vasija de las águilas», recipiente donde se depositaban los corazones de los individuo sacrificados a los dioses.

Cuitláhuac: «excremento seco», décimo *tlatoani* mexica, que reinó por poco tiempo durante la ocupación española (1520).

Culhuacán: «lugar de los antepasados», mítica ciudad por la que los mexica pasaron en su migración.

Culhuatecuhtli: «señor de los culhua», título que ostentaba el *tlatoani* de Tenochtitlán.

Ehécatl: nombre náhuatl del dios del viento, una de las manifestaciones de Quetzalcóatl.

Excan tlatoloyan: «tribunal de las tres sedes», nombre de la confederación política que unía a las ciudades de Tenochtitlán, Texcoco y Tlacopán, hoy denominada «triple alianza».

Guachimontones: nombre que alude a los característicos montículos circulares del Occidente mexicano. La etimología de la palabra es incierta, pero podría derivar de inglés «watching» y del español «montones», por lo que significaría «montículo desde el que se mira».

Huehuetéotl: «dios viejo», dios mesoamericano del fuego y del tiempo.

Huey Teocalli: «casa grande del dios», nombre del gran templo azteca.

Huitzilíhuitl: «pluma de colibrí», nombre del segundo *tlatoani* mexica (1396-1416).

Huitzilopochtli: «colibrí del sur» o «colibrí de la izquierda», nombre del dios patrono del pueblo azteca.

Itzcóatl: «serpiente de obsidiana», nombre del cuarto *tlatoani* mexica (1427-1440).

Macáhuitl: nombre de la espada de madera y láminas de obsidiana que constituía la principal arma de guerra azteca.

Macehualtin: nombre con el que se designaba a los aztecas que no pertenecían a la nobleza.

Mayeque: nombre con el que se designaba a los braceros aztecas.

Mexica: del náhuatl «mexicah», «los de Mexi», nombre con el que se autodefinía el pueblo impropiamente conocido como azteca. De «mexicah» se deriva el topónimo México, nombre que comparten las ciudades gemelas de Tenochtitlán y Tlatelolco.

Mictlantecuhtli: «señor del mundo de los muertos», nombre del dios azteca de la muerte.

Mixcóatl: «serpiente nube», dios de la caza y mítico líder chichimeca, padre de Ce Acatl Topiltzin.

Moctezuma Ilhuicamina: «el iracundo, el flechador del cielo», nombre del quinto *tlatoani* mexica (1440-1469).

Moctezuma Xocoyotzin: «el iracundo, el joven», noveno *tlatoani* mexica (1502-1520).

Ollin: «movimiento», nombre del Quinto Sol.

Ometéotl: «dios dual», suma divinidad azteca que se manifestaba en la pareja Ometecuhtli («el señor dos») y Omecíhuatl («la señora dos»).

Pipiltin: nombre con el que se designaban los nobles aztecas.

Pochtecah: nombre náhuatl alusivo a la clase de los comerciantes, que actuaban también como embajadores-espía en las provincias alejadas de la capital.

Puh: «cañaveral», voz maya chol utilizada en las inscripciones mayas clásicas como topónimo. Podría tratarse de la versión maya de Tollán, «el lugar de las cañas», topónimo mítico asociado a la ciudad de Teotihuacán.

Quetzalcóatl: «Serpiente Emplumada», dios protector de los soberanos y creador del hombre y del calendario.

Quetzalcóatl Tláloc Tlamacazqui: nombre del sumo sacerdote azteca, adscrito al culto de Tláloc.

Quetzalcóatl Tótec Tlamacazqui: nombre del sumo sacerdote azteca, adscrito al culto de Huitzilopochtli.

Teccaleque: miembro plebeyo de un calpulli, a cuyo jefe tributaba

Tecuhtli o Teuctli: «señor».

Telpochcalli: nombre de la escuela que frecuentaban los jóvenes plebeyos aztecas.

Temalácatl: nombre de la rueda de piedra a la que se ataba a los prisioneros destinados al sacrificio.

Tenochtitlán: «lugar cerca de la piedra donde abundan los nopales», nombre de la capital imperial azteca.

Tepanecatecuhtli: «señor de los tepanecas», título que ostentaba el *tlatoani* de Tlacopán.

Tezcatlipoca: «espejo humeante», divinidad asociada a la magia, la adivinación y la oscuridad.

Tizoc: «pierna sangrienta», nombre del séptimo *tlatoani* mexica (1481-1486).

Tlacatécatl: título de uno de los principales comandantes militares aztecas.

Tlacochcálcatl: título de uno de los principales comandantes militares aztecas.

Tlacotin: nombre con el que se designaba a los esclavos aztecas.

Tlaelcuani: «la comedora de inmundicias», uno de los nombres de la diosa Tlazoltéotl.

Tlahuizcalpantecuhtli: «señor de la casa del alba», nombre de la divinidad asociada a Venus como estrella de la mañana, una de las manifestaciones de Quetzalcóatl.

Tláloc: «el que está hecho de barro», dios mesoamericano de la lluvia.

Tlaltecuhtli: «señor de la Tierra», divinidad azteca de la Tierra, de caracteres andróginos.

Tlapallan: «lugar del rojo», mítica localidad donde se habría refugiado Quetzalcóatl tras la huida de Tollán.

Tlatoani: «orador» o «el que habla», título de los soberanos aztecas.

Tlazoltéotl: «diosa de la inmundicia», nombre de una divinidad femenina asociada al sexo y a los comportamientos pecaminosos.

Tollán: «lugar de las cañas», topónimo alusivo a la mítica ciudad gobernada por Quetzalcóatl.

Tonalpohualli: «cuenta de los días», nombre del calendario ritual azteca de 260 días.

Tonantzin: «nuestra noble madre», uno de los nombres de Cihuacóatl, diosa madre azteca.

Tonatiuh: nome del «dios del sol».

Tzompantli: emparrillado de madera en el que se ensartaban los cráneos de los individuos sacrificados.

Xíhuitl: «año», nombre del calendario solar de 360+5 días. El mismo término significa «turquesa» y, por extensión, «precioso».

Xipe Tótec: «nuestro señor despellejado», dios azteca del renacimiento y la regeneración.

Xiuhcóatl: «serpiente de turquesa», divinidad celeste y mítica arma usada por Huitzilopochtli para matar a su hermana Coyolxauhqui.

Xiuhmolpilli: «haz de años», nombre del ciclo de tiempo de 52 años, ura especie de siglo mesoamericano resultante de la combinación del calendario solar y el ritual.

Xiuhtecuhtli: «señor del año» o «señor precioso», dios azteca del fuego y del tiempo.

Xochipilli: «príncipe de las flores», divinidad de las flores, la danza y la música.

Yacatecuhtli: «el que va antes», dios azteca de los comerciantes.

Zacatapayolli: nombre de la bola de heno en la que se clavaban las espinas ensangrentadas después de ser usadas en el autosacrificio.

Nota: Salvo especificación en contrario, todas las voces del glosario están en lengua náhuatl.

Adams, Richard, *Prehistoric Mesoamerica*, Revised Edition, Oklahoma University Press, Norman & London, 1991.

Berlo, Janet Catherine (ed.), *Art, Ideology, and the City of Teotihuacan*, Dumbarton Oaks Library and Collection, Washington D.C., 1992.

Bernal y García Pimentel, Ignacio, y Simoni-Abbat, Mireille, *Il Messico. Dalle origini agli Aztechi*, Rizzoli, Milán, 1987.

Berrin, Kathleen, y Pasztory, Esther, *Teotihuacan. Art from the City of the Gods*, Museo de Bellas Artes de San Francisco, San Francisco, 1993.

Botta, Sergio, *La religione del Messico antico*, Carocci, Roma, 2006.

Braniff, Beatriz (ed.), *La civiltà del deserto americano*, Jaca Book, Milán, 2001.

Caso, Alfonso, *Reyes y reinas de la Mixteca*, Fondo de Cultura Económica, Ciudad de México, 1977.

Coe, Michael, *Mexico. From the Olmecs to the Aztecs*, Thames & Hudson, Londres, 4ª edición, 1994.

Davies, Nigel, *Gli Aztechi*, Editori Riuniti, Roma, 1975.

Dile, Richard, *Tula: the Toltec Capital of Ancient Mexico*, Thames & Hudson, Londres, 1983.

Domenico, Davide, *I linguaggi del potere. Arti e propaganda nell'antica Mesoamerica*, Jaca Book-Clueb, Bolonia, 2005.

González Licón, Ernesto, *Zapotechi e Mixtechi*, Jaca Book, Milán, 1991.

Gruzinski, Serge, *Gli Aztechi. Il tragico destino di un impero*, Universale Electa/Gallimard, Milán, 1994.

Hill Boone, Elizabeth (ed.), *The Aztec Templo Mayor*, Dumbarton Oaks Library and Collection, Washington D.C. 1987.

León Portilla, Miguel, *Aztecas-mexicas: desarrollo de una civilización originaria*, Algaba Ediciones, Madrid, 2005.

López Austin, Alfredo, *Hombre dios. Religión y política en el mundo náhuatl*, Universidad Nacional Autónoma de México, México, 1973.

López Austin, Alfredo, y López Luján, Leonardo, *El pasado indígena*, Fondo de Cultura Económica, 1996.

López Luján, Leonardo, Cobean, Robert H., y Mastache, Alba Guadalupe, *Gli altopiani delle guerre. Xochicalco e Tula*, Jaca Book, Milán, 1995.

Manzanilla, Linda, y López Luján, Leonardo, *Historia antigua de México*, 4 vol., Instituto Nacional de Antropología e Historia, México, 1994-2000.

Marcus, Joyce, Flannery, y Kent V., *Zapotec Civilization*, Thames & Hudson, Londres, 1996.

Matos Moctezuma, Eduardo, *The Great Temple of the Aztecs. Treasures of Tenochtitlan*, Thames & Hudson, Londres, 1988.

Matos Moctezuma, Eduardo, *Los aztecas*, Lunwerg, Barcelona, 1989.

Matos Moctezuma, Eduardo, *Teotihuacán, la metrópoli de los dioses*, Lunwerg, Barcelona, 1990.

Matos Moctezuma, Eduardo y Felipe Solís Olguín, *Aztecas*, Editorial Raíces, Ciudad de México, 2003.

Plog, Stephen, *Ancient Peoples of the American Southwest*, Thames & Hudson, Londres, 1997.

Prem, Hans, *Gli Aztechi*, Il Mulino, Bolonia, 2000.

Soustelle, Jacques, *Vida cotidiana de los aztecas en vísperas de la conquista*, Fondo de Cultura Económica, 1970.

Townsend, Richard F. (ed.), *Ancient West Mexico. Art and Archaeology of the Unknown Past*, The Art Institute of Chicago, Chicago, 1998.

i = ilustración

A
Acamapichtli, 148
Achitómetl, 145
Acolhua, 140, 140i, 148
Acolhuacán, 148
Aguilar, Jerónimo de, 198
Ahuítzotl, 194, 203
Alta Vista, 121
Alvarado, Pedro de, 202, 203, 203i
Amatzinac, 28
Anasazi, 108, 126, 129, 130, 132, 133, 133i, 136
Arborillo, El, 23
Arizona State Museum, Tucson, 127i
Atetelco, 46, 46 i
Atzcapotzalco, 140, 148, 162, 172
Aubin, códice, 162i
Axayácatl, 138, 180, 194, 202
Azcatitlan, códice, 151
Aztatlán, 123
Aztec, 133
Aztlán, isla de, 144, 144i

B
Baja California, península de, 125, 125i
Bajío, 121
Balsas, 28, 80
Ben Zaa, 56
Benavente, Toribio de, 158
Betatakin, 136
Biblioteca Apostólica Vaticana, Ciudad del Vaticano, 151i, 155i
Biblioteca de la Asamblea Nacional, París, 140i, 155i, 158 i, 161i, 169 i
Biblioteca Medicea Laurenziana, Florencia, 158 i, 161i, 165i, 166 i, 169 i, 171i, 197i, 203i
Biblioteca Nacional, Madrid, 146 i, 158i, 176 i, 195i, 201i, 203i
Biblioteca Nacional, París 168
Biblioteca Universitaria, Bolonia, 14i
Bocas, Las, 23, 25i
Bodleian Library, Oxford, 99p, 101i, 146 i, 165i
Borbónico, códice, 151, 155i, 158 i, 161i, 169 i
Borgia, códice, 151, 151i
Boturini, códice, 144, 144i, 151

C
Cacaxtla, 79, 80, 86, 86 i, 88 i, 9C, 90i, 96
Candelaria, cueva de la, 125, 125i
Capacha, 113
Carlos V, 195i, 196
Casa Grande, ruinas de, monumento nacional, 126
Casas Grandes, 130

Cedral, El, 22
Cempoala, 172
Chaco, cañón del, 126, 132, 133, 133i, 136, 136 i
Chalcatzingo, 28, 29, 29 i
Chalchihuetes, 121, 123
Chalchiuhtlicue, 32, 187, 189 i, 191i
Chalco, 22, 172
Chapultepec, 145
Chelly, cañón del, 136
Chetro Ketl, 133, 133i
Chiapas, 50, 194
Chichén Itzá, 96, 122
Chichimecas, 96, 108, 111, 138, 140, 144, 151, 162
Chichimecatlalli, 121
Chicomecóatl, 187
Chicomóztoc, 140, 144
Chihuahua, 123, 126, 127i, 128, 129, 130
Chimalpopoca, 148, 162, 172
Cholula, 30, 54i, 55, 80, 81i, 86, 90, 96, 99, 140, 142i, 151, 202
Cihuacóatl, 187, 191i
Cintéotl, 187
Cipactonal, 158i
Cliff Palace, 136, 136i
Coahuila, 125
Coatepantli, 93
Coatepec, 144, 144i, 145, 182
Coatlicue, 180, 185i, 187
Coatlinchan, 140, 148, 162
Cocijo, 62i, 67i
Coixtlahuaca, 172
Colhua, 145, 148
Colhuacán, 145, 146, 148, 162, 203i
Colima, 113, 114i, 115, 119i
Copán, 50
Coqui Bexelao, 75i
Córdoba, Francisco Hernández de, 198
Cortés, Hernán, 195i, 196, 198, 198i, 20oi, 201i, 202, 203
Cospi, códice, 14i, 151
Cotaxtla, 172, 180
Coyoacán, 172, 194, 202
Coyolxauhqui, 14oi, 182, 187
Coyotlatelco, 93
Cozumel, isla de, 198
Cuacuapitzahuac, 148
Cuatro Ciénagas, 125
Cuauhnáhuac, 148, 172
Cuauhtémoc, 203
Cuernavaca, 148
Cuicuilco, 29
Cuitláhuac, 172, 203
Culhuacán, 144, 144i

Culiacán, 123

D
Durán, códice, 146i, 173i, 195i, 201i, 203i
Durán, Diego, 158, 158i, 169
Durango, 121, 121i
Durango, sierra de, 121, 123

E
Ehécatl, 97i, 107i, 191i
Estrella, cerro de la, 158
Etlatongo, 70

F
Fejérváry-Mayer, códice, 151, 152i, 187i
Ferrería, La, 121i
Fiorentino, códice, 151, 158i, 161i, 165i, 166i, 169i, 171i, 197i, 203i

G
Gila, casas-acantilado (Cliff Dwellings), 129i
Gila, río, 126, 129i
Gorda di Querétaro, sierra, 121
Gordo, cerro, 32
Gran Tunal, 123
Grijalva, Juan de, 198, 198i
Guanajuato, 113, 121
Guerrero, 28, 70, 80, 194
Guerriero, Gonzalo, 198
Guilá Naquitz, 22

H
Hervideros, 121
Hidalgo, 50, 80, 93, 121
Hohokam, 108, 126, 129, 132, 136
Hopi, 136
Huamelulpan, 70
Huastechi, 172, 194
Huehuetéot, 29, 40, 44i, 187
Huexotzinco, 162, 173, 194
Huey Teocalli, 182
Huijazóo, 68, 68i
Huistle, cerro de los, 121
Huitzilíhuitl, 145, 148, 172
Huitzilopochtli, 144, 144i, 145, 146, 146i, 170, 180, 185i, 187, 187i
Huixachtépetl, colina de, 158

I
Ihuatzio, 123, 180
Ilancueitl, 148
Itzcóatl, 162, 172
Itzquauhtzin, 203i
Ixtapalapa, 202

ÍNDICE

J

Jalieza, 68
Jalisco, 113, 115, 118i, 119i, 121
Jay Kislak Foundation, Miami, 25i
Juxtlahuaca, gruta de, 28

K

Kaminaljuyú, 50
Kiet Siel, 136
Klin Kletso, 133i

L

La Quemada, sala de las columnas, 123i
Lambyteco, 68, 71i
Laud, códice,151
Lerma, río, 121

M

Madre Occidental, sierra,124
Magoni, 93
Malinche, 198, 201i, 202
Malinche, cerro de la, 80
Malintziñ, 198
Mappa Tlotzin, 140i
Marina, doña, 198, 201i
Maxtla, 162
Mendoza, códice,146, 146i, 151, 165i, 173
Mesa Verde, 136, 136i
Mexi, 145
Mexicanus, códice,151
México Tenochtitlán, 144, 146, 148i, 170
México Tlatelolco, 148, 148i
Meztitlán, 180
Michoacán, 111i, 113, 115, 123, 180
Mictlatecuhtli, 105i, 183
Minas, cerro de las, 57, 70, 71i
Mitla, 76, 76i, 77i
Mixcóatl, 96, 155i
Míxquic, 172
Moctezuma Ilhuicamina I, 148 , 162, 172, 172i, 180
Moctezuma Xocoyotzin II, 161i, 194, 195i, 197i, 198, 198i, 20oi, 201i, 202, 203, 203i
Moctezuma, cerro, 121i
Mogollón, 108, 126, 128, 129, 129i, 130, 132, 136
Monte Albán, 30, 50, 56, 56i, 57, 58, 59i, 62, 62i, 67i, 68, 70, 71, 76, 99
Monte Negro, 57, 70
Moquihuix, 180
Morelos, 28, 80, 81, 172
Moreno, Wigberto Jiménez, 96
Muerto, cañón del, 136
Munson-Williams-Proctor Institute Museum of Art, Utica, 29i
Musée du Quai Branly, París, 53i, 112i
Museo Británico, Londres, 14i, 97i, 103i, 105i, 142i, 162i, 179i
Museo de América, Madrid, 191i, 198i
Museo de Antropología, Albuquerque, 129i
Museo de Bellas Artes, Houston, 118i, 119i
Museo de Etnología, Viena, 75i, 172i, 179i, 197i
Museo de la Ciudad de México, 195i
Museo de las Culturas de Oaxaca, 71i, 103i, 105i
Museo degli Argenti, Florencia, 8i
Museo del Louvre, París, 97i
Museo del Templo Mayor, Ciudad de México, 51i, 14oi, 183, 185i, 188i, 192i
Museo Nacional de Antropología, Ciudad de México, 8i, 1oi, 12i, 22i, 25i, 27i, 33i, 4oi, 42i, 44i, 59i, 62i, 64i, 67i, 73i, 75i, 8oi, 81i, 85i, 86i, 95i, 111i, 112i, 114i, 117i, 118i, 119i, 121i, 125i, 129i, 13oi, 142i, 144i, 148i, 161i, 171i, 172i, 176i, 179i, 18oi, 185i, 187i, 189i, 203i
Museo Nacional Prehistórico Etnográfico, Roma, 107i

N

Narváez, Pánfilo de, 202
Nayarit, 111i, 113, 115, 117i, 121, 123
Nezahualcóyotl, 162, 180
Nezahualpilli, 162, 180
North Carolina Museum of Art, Raleigh, 114i

O

O'odham, 126, 136
Oaxaca, 22, 23, 29, 40, 56, 57, 70, 96, 99, 140, 172, 192i, 194
Olmeca-Xicalanca, 86, 90, 140
Ometéotl, 187
Opeño, El, 113
Orizaba, 172
Otomí, 40
Oxomoco, 158i
Oxtotitlán, gruta de, 28

P

Pánuco, río, 121
Paquimé, 108, 123, 126, 127i, 129, 130, 13oi, 136
Pátzcuaro, 123, 180
Philip Goldman Collection, Londres, 53i
Piedra de Tizoc, 180
Piedra del Sol, 8i, 180
Puebla, 22, 23, 25i, 70, 162
Puebla-Tlaxcala, 55, 80, 86, 90, 96, 140, 194
Pueblo Bonito, 133, 133i
Pueblo del Arroyo, 133, 133i
Puh, 50, 96
Purépecha, 123

Q

Quemada, La, 122, 123i
Querétaro, 121, 125
Quetzalcóatl, 36, 85i, 96, 97i, 107i, 155i, 162, 170, 187, 191i, 198

R

Ranas, 121
Río Verde, meseta del, 121
Ríos, códice, 151

S

Sahagún, Bernardino de, 151, 158, 173, 196, 198
Salmon Ruin, 133
San Francisco, sierra de,125i
San José Mogote, 20, 23, 29, 56, 57
San Lorenzo, 23
San Luis Potosí, 22, 121
Santa Isabel Iztapán, 22
Serpiente Emplumada, 1oi, 36, 50, 73i, 76i, 93, 96, 123, 140, 172i, 187
Shabik'eschee, 132
Sinaloa, 113, 121, 123
Snaketown, 126, 127i
Soconusco, 194
Solís y Rivadeneyra, A., 198i
Sonora, 126

T

Tabasco, 86
Tajín, El, 80
Tamaulipas, 121
Tamaulipas, sierra de,121
Taraschi, 123, 180
Tehuacán, 22
Tehuantepec, istmo de, 194
Tenayuca, 140, 14oi
Tenoch, 146
Tenochtitlán, 146i, 148, 151, 162, 162i, 170, 171, 172, 173, 180, 182, 194, 195i, 20oi, 202, 203, 203i
Teocalli de la Guerra Santa, 161i
Teopancaxco, 46
Teopantecuanitlán, 28, 28i, 29
Teotenango, 80
Teotihuacán, 8i, 1oi, 29, 30, 32, 33, 33i, 36, 36i, 40, 4oi, 44i, 49, 49i, 50, 53i, 55, 56, 58, 68, 70, 80, 90, 93, 96, 111, 186
Tepanechi, 140, 148, 162
Tepantitla, 46, 49i
Tepeaca, 172
Tepoztlán, 80
Tequixquiac, sacro de, 22
Tetitla, 46, 46i

O

Teuchitlán, 115
Texcoco, 1oi, 32, 140, 146,148, 162, 170, 171, 172, 180, 195i, 202
Tezcatlipoca, 96, 152i, 170, 173, 187
Tezozomoc, 148, 162
Ticomán, 23
Tikal, 50, 58
Tilantongo, 99, 101i
Tira de la Peregrinación, 144
Tizaapan, 145
Tizoc, 138, 180, 18oi, 194
Tlacaelel, 162, 180
Tlacopan, 162, 170, 171, 202, 203
Tlaelquani, 155i
Tlahuizcalpantecuhtli, 93, 93i
Tláloc, 4oi, 46, 85i, 95i, 155i, 182, 183i, 187, 187i, 188i, 191i
Tlalocán, 49, 49i
Tlaltecuhtli, 187
Tlapacoya, 22
Tlapallan, 96
Tlatelolco, 138, 148, 162, 180, 189i, 194, 196, 203
Tlatilco, 22i, 23, 25i, 27
Tlaxcala, 80, 140, 162, 172, 173, 194, 202, 203
Tlaxcala, códice, 203i
Tlazoltéotl, 155i
Tollán, 79, 96, 97i, 99, 101i, 145, 170, 198
Toluca, 180
Toluquilla, 121
Tonantzin, 187
Tonatiuh, 142i, 155i, 187
Totonacas, 172
Triple alianza, 138, 162 170, 172, 195i, 20i
Tsegi, cañón de 136
Tula, 79, 80, 93, 93i, 95i, 96, 99, 122, 145, 162, 172, 183
Tumbas de pozo, 111i, 112i, 113, 114i, 115, 118i, 119i
Tuxpan, 180
Tzintzuntzán, 123, 180

V

Vaticano B, códice, 151, 155i
Velázquez, Diego, 202
Ventilla, La, 46
Veracruz, 23, 80, 198, 202

W

World Museum, Liverpool, 152i, 187i

X

Xalla, 36
Xilotepec, 194
Xipe-Tótec, 103i, 111i, 155i, 176, 187, 187i
Xiquipilco, 180, 194
Xiuhcóatl, 14i, 107i
Xiuhtecuhtli, 187, 187i
Xochicalco, 80, 81, 81i, 96
Xochimilco, 145, 172
Xochipilli, 187, 192i
Xochitécatl, 86
Xólotl, 107i, 140
Xólotl, códice, 140, 151

Y

Yacatecuhtli, 152i, 196
Yagul, 71i
Yegüi, 68
Yucatán, 198
Yucuita, 57, 70
Yucuñaduhui, 70

Z

Zaachila, 73i, 75i
Zacatecas, 113, 115, 121, 122, 123
Zacatenco, 23
Zacuala, 46
Zohapilco, 22, 23
Zouche-Nuttall, códice, 99i, 101i
Zuñi, 136

AISA: págs. 191 a la derecha, 196

Archivio Iconografico, S.A./Corbis: pág. 105 arriba.

Archivio Scala: págs. 9, 53, 59 en el centro a la derecha.

The Art Archive: págs. 158 a la derecha, 164, 165 a la derecha.

The Art Archive/Corbis: pág. 95 a la izquierda.

Antonio Attini/Archivio White Star: págs. 4-5, 11, 32, 32-33, 33 arriba y abajo, 34-35, 36 arriba a la izquierda y a la derecha, 36 abajo, 37, 38 arriba a la izquierda y a la derecha, 38 abajo, 39, 56 arriba y abajo, 56-57, 57 arriba, 58, 59 arriba a la izquierda, 59 en el centro a la izquierda, 60-61, 62 arriba, 76, 80, 80-81, 82-83, 92, 93, 136 arriba, 148, 182 arriba y abajo, 182-183.

Tom Bean/Corbis: págs. 130-131.

Massimo Borchi/ Archivio White Star: págs. 57 abajo, 76-77, 132 abajo.

The Bridgeman Art Library/Archivio Alinari: págs. 48, 68 abajo, 101, 118 a la derecha, 119 a la izquierda, 167, 197 arriba a la izquierda, 200-201 abajo, 201 abajo, 202, 203 en el centro.

Angelo Colombo/Archivio White Star: pág. 28 abajo.

Richard A. Cooke/Corbis: págs. 127 abajo, 133, 136 abajo.

Richard Cummins/Corbis: pág. 129 arriba.

Javier Hinojosa: págs. 1, 6-7, 10, 13, 21, 23 a la izquierda y a la derecha, 24 a la izquierda y a la derecha, 26, 27, 40, 41, 42, 43, 44, 45, 54, 54-55, 55, 59 abajo, 63, 64, 66, 67, 68 arriba, 69, 70-71, 71,

72, 73, 75 a la izquierda, 78, 81 abajo, 84, 85, 87, 95 a la derecha, 109, 110, 111, 112, 113 a la derecha, 114, 115 a la izquierda, 116, 117 a la izquierda y a la derecha, 118 a la izquierda, 119 a la derecha, 120, 121, 125 en el centro a la derecha, 125 abajo, 129 a la derecha, 130 a la izquierda y a la derecha, 142 abajo a la izquierda, 143, 149, 160, 171, 173, 177, 178, 180-181, 185, 187 a la izquierda, 189, 190 a la izquierda y a la derecha, 191 a la izquierda, 208.

Giovanni Dagli Orti/Corbis: págs. 46 abajo, 47, 88-89, 94, 139, 144, 145 arriba a la derecha, 192.

Giovanni Dagli Orti/The Art Archive: págs. 2-3 e 31, 22, 46 arriba, 51, 70, 74, 75 a la derecha, 88 arriba y abajo, 90 arriba, 91, 102, 103 a la derecha, 104, 106-107, 107 a la izquierda y a la derecha, 113 a la izquierda, 124-125, 125 en el centro a la izquierda, 141, 145 arriba a la izquierda, 145 abajo a la izquierda y a la derecha, 146, 156, 157, 158 a la izquierda, 159, 161 arriba a la derecha, 165 a la izquierda, 166 a la izquierda y a la derecha, 168 a la izquierda y a la derecha, 169, 170, 172, 175, 176, 179 abajo a la derecha, 183 abajo, 184, 188, 193, 194 arriba y abajo, 195, 197 abajo a la izquierda, abajo en el centro y abajo a la derecha, 198, 199, 200 arriba y abajo, 200-201 arriba, 201 arriba, 203 a la derecha arriba y abajo.

Sergio Dorantes/Corbis: pág. 86.

Macduff Everton/Corbis: págs. 132-133.

Elisabetta Ferrero/Archivio White Star: págs. 14-15.

Werner Forman/Corbis: págs. 18-19, 65, 81 arriba, 126, 127 arriba, 129 abajo.
Kenneth Garrett: pág. 28 arriba.

George H. H. Huey/Corbis: págs. 126-127, 132 arriba.

Justin Kerr: pagg. 25 a la izquierda y a la derecha, 29.

Danny Lehman/Corbis: págs. 122-123, 123 arriba y abajo.

Charles Lenars: pag. 147.

Charles & Josette Lenars/Corbis: págs. 49 arriba y abajo, 62 abajo, 88 en el centro, 183 arriba.

Erich Lessing/Contrasto: págs. 52, 97 a la izquierda y a la derecha, 150, 174, 179 a la izquierda, 197 arriba a la derecha.

David Muench/Corbis: págs. 128-129, 137.

North Carolina Museum of Art/Corbis: pág. 115 a la derecha.

Photoservice Electa/Akg Images: págs. 151 a la izquierda y a la derecha, 152, 153, 161 en el centro, 186, 187 a la derecha.

Nicholas Sapieha/The Art Archive: pág. 140.

Henri Stierlin: pág. 90 abajo.

The Trustees of the British Museum: págs. 16-17, 98-99, 100-101, 103 a la izquierda, 105 abajo, 142 arriba, 142 abajo a la derecha, 179 arriba a la derecha

Mireille Vautier/ The Art Archive: págs. 154-155, 155 arriba a la izquierda y a la derecha, 155 en el centro, 155 abajo, 163.

Jim Wark: págs. 134-135.

Abreviaturas utilizadas en los pies de ilustración:
MNA: Museo Nacional de Antropología
MNPE: Museo Nazionale Preistorico Etnografico Luigi Pigorini

208 - EL BAJORRELIEVE DE LA CARA SUPERIOR DEL TEMALACATL (PIEDRA SACRIFICIAL) DE MOCTEZUMA I REPRESENTA EL SOL (MNA, CIUDAD DE MÉXICO).